어떤 기다림

어떤 기다림

초판 1쇄 발행 2025. 11. 14.

지은이 김응상
펴낸이 김병호
펴낸곳 주식회사 바른북스

편집진행 김재영
디자인 김민지
마케팅 송송이 박수진 박하연

등록 2019년 4월 3일 제2019-000040호
주소 서울시 성동구 연무장5길 9-16, 301호 (성수동2가, 블루스톤타워)
대표전화 070-7857-9719 | **경영지원** 02-3409-9719 | **팩스** 070-7610-9820

•바른북스는 여러분의 다양한 아이디어와 원고 투고를 설레는 마음으로 기다리고 있습니다.
이메일 barunbooks21@naver.com | **원고투고** barunbooks21@naver.com
홈페이지 www.barunbooks.com | **공식 블로그** blog.naver.com/barunbooks7
공식 포스트 post.naver.com/barunbooks7 | **페이스북** facebook.com/barunbooks7

ⓒ 김응상, 2025
ISBN 979-11-7263-655-5 03810

•파본이나 잘못된 책은 구입하신 곳에서 교환해드립니다.
•이 책은 저작권법에 따라 보호를 받는 저작물이므로 무단전재 및 복제를 금지하며,
이 책 내용의 전부 및 일부를 이용하려면 반드시 저작권자와 도서출판 바른북스의 서면동의를 받아야 합니다.

후원: 충청북도 충북문화재단

이 책은 충청북도, 충북문화재단의 후원을 받아 문화예술육성지원사업의 일환으로 발간되었음

어떤 기다림

김웅상
글, 그림

손끝에 묻은 흙냄새와 땀방울이 뒤섞여
하루하루가 서로에게 스며든다.

그 마음을 '품앗이'라 부른다.

바른북스

작가의 말

88년 처음 발령받은 학교의 외국어 선생님과 식사하는 자리였다. 그분은 아들이 다섯 살이 되면 각자 텐트를 메고 캠핑 가는 것이 평생에 하고 싶은 일이라며, 나에게도 질문했다. 나는 책을 세 권쯤 쓰고 싶다고 말했다.

그때 왜 그런 말을 했는지는 지금도 생각나지 않는다. 힘들고 빠듯한 일상으로 그 말을 잊고 살다가 퇴직할 무렵 무엇을 하며 지내야 하나 궁리하다가 갑자기 떠올랐다. 내 마음속에 글을 쓰고 싶은 마음은 오래전부터 머물러 있었던 것 같다.

그러나 재주가 부족함을 알기에 펜을 잡기가 어려웠다. 세월호에서 막냇동생을 잃고 허전함과 허망함이 내 삶을 빈 들판처럼 휩쓸고 지나갔다. 몇 달을 바둑판 앞에서 마음을 달래며 책 속에 숨어 지냈다. 책을 읽다 보니 과거의 욕망이 살아났다.

  퇴직 후 청주대 수필 교실에 나가 글을 배우며 한 편씩 쓰기 시작했다. 깊이가 얕고 거칠어도 그 안에 자연의 숨결과 나무의 고마움, 어린 날의 웃음과 눈물, 사람들의 온기, 고향의 냄새를 담아보았다. 다른 이의 평가 없이 오롯이 그저 읽는 이의 감정으로 느껴지기를 기대한다.

  화려한 문장 대신 담백한 진심으로 말을 걸어본다. 거친 문장들 사이로 누군가의 마음이 움직이고, 작은 공감의 파문이 일어난다면 고마운 일이다. 모두가 지나온 삶의 골목길을 함께 걸으며 행복과 슬픔, 사랑의 조각들과 다시 마주하게 했으면 좋겠다.

  유치해 보일지 모를 소박한 수채화 그림과 사진, 좀 더 큰 글씨, 적은 편 수를 가지고 꾸지람을 들을 각오로 나름 새로운 시도를 했다.

  독자에게 한 걸음 더 다가가 삶의 작은 숨결과 흔적이 되기를 소망한다.

2025년 9월 시원한 가을바람을 느끼며

김응상

목차

작가의 말

1부

흙과 삶 · 10

유년의 행복 · 16

억새 · 22

아버지의 바지랑대 · 27

어머니 · 33

가로수 · 39

뚱이 · 45

스무 살 정이품송을 만나다 –
미동산 수목원 · 51

품앗이 · 57

삼금과 일장춘몽 · 63

어떤 기다림 · 69

이 겨울의 꿈 · 75

산불 · 81

활(弓) · 87

은행나무 · 92

나의 즐거움 · 98

정이품송의 비애 · 104

2부

원두막 · 112

하늘 바라기 · 118

'물의 육덕' 실현의 조정자 –
속리산의 저수지 · 125

소욕지족 소병소뇌
(少慾知足 少病少惱) · 132

텔레비전 예찬 · 138

호두 · 144

미로 찾기 · 150

우리를 행복하게
하는 것들 · 155

이모네 포도 · 161

어머니의 콩 자루 · 167

삼년산성에서 · 172

애국 여행 · 178

혼자 가는 길 · 184

이발소 · 190

빼앗긴 일요일 · 196

제주 여행 · 201

1부

흙과 삶

　황금 들판이다. 산들바람이 그간의 노고를 알아주듯 벼의 머리를 쓰다듬으며, 부드러운 물결을 일으킨다. 보는 것만으로도 흐뭇하다. 일 년 중 가장 충만한 느낌으로 사는 시기다. 농부들은 이 기쁨을 알기에 한여름의 긴 장마도 무섭게 몰아치던 태풍도 참고 견딘다.
　가을 들판에 산책을 나서보자! 자동차도 세워두고 불규칙하게 칭얼대는 손전화도 내려놓고, 풀벌레 소리도 듣고 부드러운 바람도 맞이하자. 마음을 열고 생각을 자유롭게 하면 또 다른 가을을 만끽하게 될 것이다. 꽃은 봄

꽃이 화려하고 열매는 가을이 충실하다. 찬란한 빛깔로 유혹하지 않아도 중후한 기품과 소박한 겸손으로 언제나 부담 없이 흠뻑 취하게 만드는 가을 들판은 기분이 절로 좋아지게 한다.

농촌에서 나고 자라 평생 농업과 함께하며 살아왔다. 퇴직하고 할 일 중 하나가 텃밭 가꾸기였다. 어려서부터 풀 뽑기, 고추 심기, 고구마 심고 캐기, 감자 심고 캐기, 소 풀 뜯기기, 풀베기, 논밭에 거름내기, 논 고르기, 모심기, 벼 베기를 하면서 자랐다. 싫다거나 하지 말아야겠다는 마음을 가진 적은 없었다. 힘이 들고 땀이 흘러도, 부모님을 돕고 우리 가족이 생활해야 하니까 하는 일이라고 생각했었다.

십 년째 텃밭 가꾸기를 하고 있다. 봄의 텃밭에는 희망과 에너지와 꿈이 있다. 상추, 열무, 호박, 도라지 씨앗을 뿌리고 들뜬 마음이 된다. 싹트기를 기다리는 설렘은 삶의 갈림길에서 활기와 흥분을 찾게 한다. 고단한 허리를 펴며 하늘을 보면 새털구름이 산뜻하고 따스한 햇볕이 너무나도 정겹다.

도시 생활 중에도 본가에 가면 아침에 거름내기를 했었다. 아들과 딸이 초등학교 여름방학 새벽에 두엄을 실어놓고 깨워서 손수레를 밀게 했다. 아내는 아침밥을 짓던 부엌에서 가자미눈으로 싫은 내색을 했었다. 그러나 아이들은 눈을 비비고 일어나자마자 도와주었고, 집으로 돌아올 때는 두엄이 묻어 있는 손수레를 타고 오면서도 함박웃음을 지었다.

어린이날은 매년 큰 밭에 고추를 심었다. 놀아주지 못한 마음 한구석에는 부모로서의 생채기가 남아 있다. 지금은 아들딸이 거북등 같은 할머니 손을 어루만지며, 거리낌이 없이 일손을 돕는 모습을 보면서 마음의 위안을 얻는다. 농사일을 하게 되면 흙의 소중함을 알게 되고, 땀의 의미와 결실의 기쁨과 계절의 변화를 느끼게 된다. 함께하는 협동 정신을 갖게 되어 사회생활에 도움이 된다. 업무의 소중함을 깨닫고 집중력이 좋아진다. 생명의 중요성에 대한 자각으로 정신건강에도 유익하다고 생각한다.

계절의 변화에 민감하게 대처하고 선택의 갈림길에서 빠른 판단을 해야 하는데, 인간의 성장기에 적절한 교육을 받는 것과 같다. 땀의 의미와 수확의 기쁨, 자연계의 순환과 생명에 대한 사랑, 흙과 함께하는 농사에서 지혜가 생긴다. 두뇌 발달과 감성 발달이 빠르고 풍부하게 이루어진다.

　흙을 대하는 마음은 인성에 닿아 있다. 까칠한지 사나운지 껄끄러운지에 따라 다르게 반응을 나타낸다. 텃밭에는 노력과 정성을 들여야 깔끔하고 풍성한 먹거리를 제공한다. 정성을 기울이는 것이 어린아이 돌보기와 너무도 닮았다.

　풀은 보살피지 않아도 잘 자라지만 작물은 사람이 돌보지 않으면 제대로 열매를 맺지 못한다. "작물은 농부의 발걸음 소리를 듣고 자란다."고 한 연유가 여기에 있다. 골을 타고 흙덩이를 부수고, 거름 주고, 물을 주고, 도랑 파고, 비닐을 덮어주며 노심초사 작물을 키운다. 우리 청소년들도 어른들의 지도와 관심도에 따라 성장의 방향이 달라질 수 있다.

　정치인들의 지역구를 텃밭에 비유한다. 주인의 취향에 따라 작물의 선택이 달라지듯 주민의 선호에 따라 정치인도 달라진다. 선거철만 되면 허리를 꺾으며 인사를 하고 악수를 청한다. 정성과 노력을 다하고 진심 어린 마음으로 다가오는 정치인이 텃밭 관리를 잘하는 것이다. 농사와 사람 사는 이치가 닮은 듯하다.

　오랫동안 창고에는 먼지 앉은 호미와 낫, 갈퀴와 도리

깨, 쭉정이를 걸러내는 키와 흙을 고르는 체, 멍석이 평화의 도구인 양 추억같이 걸려 있다. 나갈 방향을 알려주신 부모님의 친구처럼 생각되어 애틋한 정이 남아 있다. 흙과 함께한 세월이 켜켜이 쌓여서, 나지막한 초가집 같이 변해버린 어머니의 구부러진 등과 갈고리 같이 휘어져 버린 손이 가족 지킴이었음을 깨닫게 한다.

농업은 생물을 대상으로 몸으로 부대끼는 일이다. 근면이 배어 있어야 한다. 텃밭을 일구면서 봄의 희망과 꿈, 여름의 야망, 가을의 결실을 배웠다. 겨울은 무엇일까. 아마도 겨울은 계획과 준비와 갈망이 공존할 것이다.

"길은 어디에나 있고 누구에게나 있다."고 한다. 맑은 눈, 밝은 귀, 텅 빈 마음으로 웃으면서 텃밭을 가꾸면 흙의 베풂을 닮아갈 수 있으려나.

유년의 행복

　석양이 황홀하다. 하늘을 온통 붉게 물들인 해가 뜨거운 숨을 고르며 서서히 물러난다. 앞산 능선이 선명하게 나타나면서, 사라지는 저녁노을은 아쉬움으로 남는다. 열기를 품은 해가 사라지는 하늘을 보며 어린 시절 쪽마루에 걸터앉아 동생들과 조잘대던 기억을 더듬는다.
　봄이면 부드러운 바람이 구석진 곳까지 쌓인 눈을 녹인다. 아이들이 소리치며 바깥 놀이 시간을 늘린다. 대지가 따스한 기운을 머금고 있다. 아이들의 짧은 바지와 반소매 옷이 자연스럽게 보인다. 이름 모를 풀과 꽃들이

연초록 머리를 곳곳에서 내보인다. 저마다의 개성으로 소생의 봄을 일깨운다. 아련한 가능성과 희망이 꿈틀거렸다.

 산수유가 가늘고 노란 꽃을 발산하듯 터뜨리고, 하얀 목련이 부드러운 솜털 옷을 벗어 던지며 연약한 꽃잎을 살포시 내보인다. 취하고픈 향기가 주변을 감싼다. 매실나무는 마당에 화사함을 더해주고, 앵두나무는 흙담 옆에서 온 가지를 감싸며 꽃이 피어난다. 잠꾸러기 대추나무는 연녹색의 여린 잎으로 애교를 떤다. 여유를 부리던 감나무는 지체 높은 선비같이 조용히 커다란 잎을 꺼냈다.

 귀여운 병아리 떼는 어미 닭을 따르며 종종걸음을 치고, 새들도 먹이활동에 분주하다. 마루 밑의 강아지는 서열 다툼으로 하루해를 보낸다. 외양간의 엄마 소는 애정 어린 목소리로 송아지를 찾는 봄이 정겹다.

 더위가 다가오면 골담초가 외씨버선 같은 수줍은 꽃을 만들고, 장독대 뒤의 꺽다리 접시꽃이 크기를 자랑한다. 처마 밑에 자리 잡은 오색의 채송화가 해맑게 웃으면, 울담 밑의 봉숭아가 붉은 꽃잎으로 화답했다.

 먼 산이 짙푸른 빛으로 옷을 갈아입고 나뭇잎도 더위에 지쳐 늘어질 때, 물 흐르는 빨래를 보고 있노라면 시원함을 느낀다. 젖은 빨래는 빨랫줄에 한껏 부담을 주지만, 중력의 도움으로 물이 빠지면서 가볍게 움직인다. 바람을 타고 그네를 뛰듯이 하늘에 떠서 왔다 갔다 아래위로 휘날린다. 마치 가족 모두가 놀이기구를 타고 환호성을 지르며 즐기고 있는 모습이다.

바람이 살갗을 부드럽게 스친다. 높고 맑은 하늘이 시원함을 넘어 상쾌함을 더해주는 가을이다. 감성이 풍부해지고 낭만을 생각하게 하는 계절이다. 가을의 볏가리가 높다란 하늘과 키재기를 한다. 가을마당에 씨서리를 하시는 부모님의 얼굴에 넉넉한 표정의 만족한 미소가 번진다. 훗날 더 높은 볏가리를 만든다면 부모님께서 좋아하실 것 같았다.

아래채 지붕 위에 빨갛게 익은 고추와 자주색의 둥그렇게 구부러진 가지들, 초록 테에 흰색의 동글동글한 호박고지와 붉은색의 찐 고구마, 하얀빛의 네모난 무말랭이가 아롱다롱 키재기를 한다. 한겨울의 먹거리로 풍요로움과 아름다움을 더했다. 가을은 이 다양한 먹거리들을 적절하게 갈무리하는 계절이다.

겨울엔 장독대 초가지붕에 소복소복 쌓인 눈이 포근하고 정감 있게 보였다. 솔잎 눈썹과 고추로 만든 빨간

코, 숯으로 끼운 커다란 입의 눈사람은 희미한 미소를 띠고 있다. 어미 소의 풍경소리도 선명하게 들리고, 담장 너머 고샅에서 뛰어노는 아이들의 높은 웃음소리가 행복감을 더했다.

　명절이 가까워지면 온 가족의 옷을 빨아야 한다. 추운 날의 빨래는 동태같이 얼어버린다. 우는 아기 달래듯 조심스레 하나하나 펴서 널어야 한다. 그렇게 널린 빨래는 햇볕과 바람의 힘으로 천천히 녹으면서 물방울을 하나둘씩 떨궈 마당에 앙증맞은 줄 웅덩이를 만든다. 마른 빨래는 운율 섞인 방망이 소리와 함께 주름을 펴면서 제 모습을 찾았다. 어머니의 정성으로 손질된 정갈한 옷은 편안하고 따뜻함으로 감싸주었다.

　말괄량이 토끼띠는 명랑하고 발랄한 성격이었다. 생각 없이 나대며 사건을 만들어 꿀알 주먹과 지청구를 들으면서도 항상 따라 앉았다. 새침데기 소띠는 참을성 있고 재바르게 행동하여 칭찬을 많이 받았다. 우두머리 돼지띠는 동생들 앞에서만 으스대면서 철딱서니 없는 대장 노릇을 하였다.

　어깨를 붙이고 마루에 걸터앉아 앞뒤로 움직이는 여섯 개의 다리는, 빨강 파랑 검정 양말 신고 있었다. 구멍이 난 양말도 있고, 기운 자국으로 다른 색도 섞여 있었으나 신나게 움직였다. 같은 곳을 바라보며 즐겁고 행복했다.

  쪽마루를 비추던 따뜻한 햇볕이 슬그머니 미끄러지며 꽁무니를 빼고 있다. 저녁노을이 평온하고 여유로웠던 유년 시절을 그립게 한다.

억새

여행을 간다. 여유로운 마음이다. 높은 하늘과 싱그러운 바람으로 산뜻한 기분이다. 차창 밖에 하얀 손을 흔드는 억새가 친근하게 다가온다. 향기도 없고 예쁜 꽃도 아닌데 존재감이 있다. 늦가을 들꽃이 많이 피지 않기 때문인가 한다.

갈대는 꽃이 필 때 구부러진 대가 한 개씩 조용히 올라온다. 질 때는 슬그머니 사라진다. 꽃색이 산뜻하지 않아 우중충한 느낌을 들게 한다. 잎새는 강하고 커서 주변의 풀과 잘 어울리지는 않는 것 같다. 식물도 서로 기대며

억새

어울리는 조화가 있어야 더 보기 좋다. 습한 강이나 늪에서 어두운 갈색으로 뭉텅이 꽃을 피우는 갈대는 투박하고 무겁다.

  가을꽃 중 들국화도 있긴 하지만 아름다운 모양으로 다가오지는 않는다. 대부분의 국화는 사람들의 수많은 손길로 만들어지고 다듬어질 때 작품으로 보여지는 것이다. 코스모스는 키가 크고 꽃 색깔도 화려하고 다양하지만 늦은 가을 추위에 그 끝이 추레하게 말라버리면 오랫동안 불쌍한 느낌으로 남아 있다.

  억새는 강한 느낌이 있지만 처음부터 억센 것은 아니다. 봄에 새싹으로 자라는 억새 사이엔 종달새가 포근한 둥지를 만들기도 한다. 여름엔 진초록 들판을 만들며 햇빛과 무더위를 견딘다. 가을의 억새는 미풍에 나부끼는 고운 움직임이 사각거리는 속삭임으로 들린다. 겨울에 들꽃이 모두 사라져도 홀로 남아 제자리를 지킨다. 자세히 들여다보면 방금 세수하고 나온 처녀처럼 맑고 깨끗하다. 차가운 바람에도 당당히 선 모습이 산뜻하고 기품 있다. 억새가 진정 가을꽃으로 제격인 것 같다.

억새가 피면 사과밭도 붉게 물든다. 붉은 사과와 흰 억새가 어우러진 풍경은 더없이 아름답다. 역광을 받은 억새는 마치 눈밭처럼 보이기도 하고, 저수지 옆에서 피어 하늘을 향해 춤추는 억새는 발걸음을 멈추게 한다. 밭두렁에서 파란 배추와 어울리는 흰 억새는, 기울어져 가는 햇살을 받아 반짝일 때 아름다움은 절정에 이른다.

된서리를 맞은 억새는 긴 수염의 어른을 떠올리고, 한낮의 햇빛을 받으면 날개를 펼친 여신을 닮은 것 같다. 석양을 배경 삼은 강둑의 억새는 자연의 아름다움을 절정으로 이끈다. 흐린 달빛에서는 희미하게 빛나며, 희망의 조각 하나를 품고 있는 듯하다.

어린 시절, 소 먹일 풀을 베기 위해 억새를 자르곤 했다. 집집마다 소를 키워 꼴망태 채우기가 어려웠다. 무성하게 자라는 억새는 가끔 꼴망태를 채워주곤 했다. 손이 부드러워 잎에 베이기도 했지만, 꼴을 채워가는 기쁨으로 즐거워했던 기억이 아스라하다. 그때는 꽃을 피우기 전에 잘려 억새가 제대로 피어날 기회도 없었을지 모른다.

친구와 산책길에서 억새와 갈대가 무성한 하천을 보고 "소 방목해도 되겠다."는 농담을 주고받았던 기억도 있다. 우거진 풀이 꼴망태를 못 채우고 허덕이던 시절이 떠올라, 왠지 모르게 울컥했다.

억새는 무심코 자주 마주치는 풀이다. 어떤 날은 다정하고 어떤 날은 조금 건방져 보이기도 한다. 하지만 이상하게 안 보이면 허전하고 보여야 마음이 놓인다. "아~아~ 으악새 슬피우으니 가을이인 가아아요." 하는 유행가 가사처럼 계절을 알려주는 표지판이기도 하다.

어느 해 가을마당에 농악대가 흥겹게 한바탕 놀이를 벌였다. 허수아비 같은 옷차림에 고무신을 신고, 장단에 맞춰 뛰고 웃고 춤을 춘다. 중심엔 상모잡이가 있다. 머리 위에서 돌고 있는 상모는 장단에 따라 빠르고 느리게 휘돌며 흥을 돋운다. 그 움직임을 보고 있자니 바람에 따라 춤추는 억새가 연상된다.

억새의 춤사위는 바람을 따라 달라진다. 바람이 잔잔

할 땐 느긋하고, 거세게 불어올 땐 경쾌하며, 태풍이 몰아칠 땐 거칠지만 그 흐름에 맞춰 흔들릴 뿐이다. 억새는 바람과 싸우지 않는다. 흐름을 따라가면서 제자리를 지킨다.

억새를 보고 있으면 민초(民草)들의 삶이 떠오른다. 기쁨도 슬픔도 이웃과 나누며, 남의 잔치에도 기꺼이 축복을 보내고, 궂은일에선 한걸음 먼저 나서던 사람들. 힘든 일은 함께하고, 배고픔과 고단함 속에도 귀한 음식을 나눴던 이웃들, 어깨를 맞대어 어려움을 견뎌내던 사람들, 억새는 그런 민초(民草)들과 닮았다.

어울려 사는 것, 더불어 극복하는 것, 흔들려도 뽑히지 않는 뿌리를 지키는 것. 억새는 그렇게 가을 들판에서 아름다움과 소중한 삶의 방식을 알려주고 있는 듯하다.

아버지의 바지랑대

 가을이다. 노랗게 익어가는 들녘이 풍요롭다지만 어쩐지 나의 가을은 텅 빈 마음으로 고향집을 찾는다.
 어린 시절 내가 살던 초가집에는 두 그루의 감나무가 있었다. 하나는 키가 작아 쉽게 감을 딸 수 있었지만 감이 많이 열리지 않았고 홍시도 없었다. 내 관심은 뒤꼍의 큰 감나무였다. 여름철, 감나무 아래 그늘은 내 놀이터이고, 쉼터였으며, 때론 아버지가 내 놀거리 기구를 만들어 주시던 간이 공방이기도 했다.
 홍시가 달리면 Y자 모양의 지게 작대기로 땄다. 가지

를 중간에 넣고 한 방향으로 돌리면 부러지면서 홍시가 땅바닥으로 떨어진다. 설익은 것은 갈라진 틈에서 단 즙이 흘러나오고, 잘 익은 홍시는 달콤한 속살을 사방으로 흩뿌리며 깨져버렸다. 흙을 털어내고 즙을 빨면 약간 달고 떨떠름한 맛이 났다. 홍시를 깨지지 않고 온전하게 따려고 바닥에 짚을 깔고 따보았지만, 흙만 덜 묻을 뿐 별반 차이가 없다. 지게 작대기로 홍시 따기는 힘만 들었지, 온전한 것은 별로 따지 못했다.

  어느 날, 아버지는 가벼우면서도 긴 바지랑대 끝에 주머니를 씌워 홍시를 딸 수 있는 기구를 만들어 주었다. 이 발명품은 어린 나에게는 큰 자부심이었고, 친구들 간에는 부러움의 대상이었다. 나에게는 길고 커다란 최초의 바지랑대였으며, 내가 친구들 앞에서 뽐낼 수 있는 유일한 자랑거리였다.

  아버지는 땔감을 해 올 때면 진달래를 나뭇짐 꼭대기에 꽂고 와서 나를 설레게 했다. 가녀린 연분홍의 꽃잎과 꽃술은 우리 형제들의 놀이 재료였다. 늦여름이면 깨금[1]을 따 오시는 아버지를 마중 나가곤 했다. 힘들어하

---

1 깨금: '개암'의 방언.

는 모습에 도와준다는 생각으로 지게 작대기를 빼앗듯 받아 들었다. 지금 생각하니 노인에게서 지팡이를 빼앗은 꼴이었다. 어쩌면 지게 작대기는 아버지에게 오랜 세월을 같이한 소중한 친구였을 것이다.

 더위가 막바지에 이를 때면 하늘을 배경으로 고추잠자리 떼가 하늘에 수를 놓았다. 문득 잠자리를 잡고 싶은 욕심이 발동했다. 빗자루를 들고 쫓아다녀 보지만 잠자리들이 먼저 알고, 줄행랑이다. 씨근대는 나를 본 아버지는 내 키보다 큰 곧고 가벼운 바지랑대를 골라 그물 같은 망을 달아주었다. 이 잠자리채를 가지고 땀 흘리며 잠자리 떼를 쫓아다녔다.

 한참이 지난 후에 몇 마리가 망 안에 들어왔다. 잠자리채 덕이었지만 나로서는 힘든 노력으로 얻어낸 전리품이었다. 은빛 나는 투명한 날개, 외계인 같은 머리에서 번뜩이는 영롱하고 복잡미묘한 색깔, 가늘고 긴 붉은색 꼬리의 고추잠자리는 어린 시절 호기심의 대상이었으며, 자연과 함께할 수 있는 마음을 열어주었다. 아버지의 또 다른 바지랑대가 나에게 안겨준 선물이었다.

 바지랑대는 매끈하고 옹이가 많지 않으며 어느 정도의 높이가 있어야 제격이다. 굽이굽이 산길을 올라도 이런 나무를 구하기가 쉽지 않아, 구부러지고 다소 자격이 미달되어도 아버지는 이런 것들을 잘 다듬어 자신만의 바지랑대를 만들었다.

물푸레나무는 질기고 오래 쓸 수 있으나 무거워서 다루기가 쉽지 않았고, 미루나무는 질감이 부드럽고 가벼워 어려움 없이 사용할 수 있었지만 쉽게 부러지는 아쉬움이 있었다. 대나무는 곧고 가벼워 추단이 쉬웠지만, 부딪히고 자주 넘어지는 바지랑대는 부서져서 오래 쓸 수가 없었다. 오리나무는 굴곡지고 옹이가 많고 볼품이 없으나 오히려 투박한 모습이 믿음직했다.

아버지는 단순히 바지랑대를 만드는 것이 아니었다. 옆에서 지켜보던 어린 나에게 하나하나 설명을 해주셨지만, 그때는 아버지의 듬직한 어깨 너머의 손놀림에만 정신을 두었지, 그분의 말씀은 건성으로 들었다. 지금 어른이 되어 생각해 보면 나무의 질과 용도에 대하여 아버지는 체험적으로 잘 알고 응용했다.

아버지는 일찍 부친을 여의고 학교에 다니지 못했다. 갖은 고생 끝에 농토를 장만하여 가정을 이루고 건사했다. 평생 가난을 송곳처럼 품고 살면서도 아버지의 가족 사랑은 남달랐다. 내가 결혼하던 날, 평소에 자상하면서도 과묵하시던 아버지는 여러 친지 앞에서 즐겁게 춤을 추셨다. 깡마른 큰 키에 휘적휘적 춤을 추던 모습은 얼핏 바지랑대를 연상했다. 세파에 흔들리지 않고 중심을 유지하며 고난을 헤쳐오신 아버지, 아버지의 그 우직함이 오늘의 나를 성장시킨 가르치심이었다.

 어느 해 가을, 노년에 이른 아버지를 모시고 오늘처럼 노랗게 익어가는 들녘을 산책한 적이 있다. 기력이 매우 쇠약해져 힘들어하면서도 지팡이를 들어, 평생 당신이 지켜온 들녘을 가리키며 농사일을 지시하던 모습이 지금도 생생하다. 아버지가 짚고 있던 그 지팡이가 아버지의 마지막 바지랑대였다.

 나는 지금 고향집의 감나무 아래에서 아버지의 바지랑대 추억을 되새기고 있다.

어머니

본가를 나선다. 어머니는 상추를 따고 파를 솎고 계신다. 내가 청주로 갈 시간이 된 것이다. 텃밭에서 자라는 채소를 한 아름 안겨준다. 구순의 어머니가 이순의 아들 챙김이다. 대문 앞에서는 속주머니에서 고이 접은 만 원을 꺼내 아이들 과자를 사주라시며 건넨다.

아래로 여동생만 셋이었던 어린 시절에 아들에 대한 사랑이 남달랐던 어머니는 밥솥에 누룽지를 절반은 내게 주고 절반으로 두 명의 동생들에게 나눠주곤 하셨다. 동생들의 따가운 눈총을 많이 받았다. 지금도 그때와 똑

같다. 딸들의 홀대에 대한 불평이 어머니에겐 들리지 않나 보다. 한평생을 아들 바라기로 기도하고 노심초사하며 사신다. 시험 보러 갈 때 눈을 맞으며 동구 밖에서 내가 보이지 않을 때까지 서 계시던 모습, 눈이 내려 멀어져 갈수록 작아지고 희미해지던, 어머니 모습이 도화지에 그림처럼 자꾸자꾸 떠오른다.

  고교 시절 휴일이면 뒷방에서 공부했다. 부모님은 이른 아침 일터로 나가시며 마당에 멍석을 펴고 벼를 말리기 위해 펼쳐놓았다. 마당에서 먹이를 구하는 닭을 잘 살피라고 하셨다. 닭은 조용히 먹이를 먹지 않는다. 발로 벼를 헤집어 가면서 먹기 때문에 멍석 밖으로 흩어진다. 급히 달려와 쫓으면 '꼬꼬댁' 소리로 신호를 보내며 빠르게 도망친다. 흩어진 벼를 모아 담고 들어가면 얼마 되지 않아 같은 일이 반복된다.

  소나기가 내린 날이었다. 공부에 집중해서 빗소리를 듣고도 벼를 치울 생각을 하지 못했다. 말리려고 펼쳐놓은 벼가 순식간에 비를 맞아 젖어버렸다. 비를 피해 집으로 달려오신 어머니는 화가 나서 "그놈의 책만 보고 있으면 먹을 것이 생기냐?"며 야단을 치셨다. 나는 꿀 먹은 벙어리처럼 한마디 변명도 못 하고 불안한 마음으로 방에만 앉아 있었다.

　그때도 TV 드라마에는 공부하는 수험생 자녀를 위해 집 안을 조용하게 단속하며, 저녁 늦은 시간에는 과일과 간식을 갖다주는 어머니의 모습을 자주 보았다. 좁은 소견에 얼마나 속으로 부러웠는지 모른다. 저녁에 엎드려 책을 보다 라디오를 튼 채로 잠이 드는 일이 있었다. 잠에서 깨신 아버지가 뒷방으로 건너와 라디오를 끄고 가신다. 그런 일이 몇 번 있고 나서 잠자리에 드시기 전에 "그만하고 일찍 자거라."라는 말씀을 자주 하셨다. 그때는 그 말씀이 야속하기도 했었다. 부모님을 원망도 했다. 남들은 공부한다고 대접받는데 나는 야단맞고 혼나고 걱정 듣고 "세상이 왜 이래. 왜 이렇게 불공평해." 하면서 서러운 마음을 새기기도 했었다.

　세상이 얼마나 힘들고 삶에 쪼들렸으면 아들에게 그런 심한 말을 했을까. 그 말씀 뒤 그분들의 마음은 어땠을까. 아들이 공부하다 잠이 들어 안타까웠으나 건전지가 소모되는 것은 아까울 수밖에 없었다. 참으로 어렵던 시절이었다.

　세월이 지나 지금은 어려운 가정형편에도 힘들게 뒷바라지해 주신 부모님의 노고에 감사하는 마음이 한량

없지만 어렸을 때는 불만스러운 마음도 가졌었다. 힘든 노동과 가난으로 찌든 생활고를 벗어나기 위해 못 먹고 못 입고 못 쉬고 일만 했던 부모님! 아끼지 않은 것은 당신들의 몸밖에 없었던 그때를 생각하면 저절로 눈물이 흘러내린다. 밤낮없이 일만 하셨다. 밭일, 집안일에 묻혀 허덕이며 가난을 벗어나고자, 힘든 노동을 견디며 살아왔다. 작아진 몸, 굽은 등이 내 탓인 것만 같아 눈물이 차오르며 앞이 뿌옇게 흐려진다.

어머니는 한 달씩 집을 떠나 부산에서 장사도 하셨다. 엄마 없이 살기는 참으로 허전하고 눈물 나는 시간이었다. 반찬 없는 밥과 때가 절은 옷, 손등에 때가 까맣게 붙은 채로 사는 것은 견딜 수 있었지만, 마음속의 허전함은 달랠 길이 없었다. 기댈 곳이 없었고 스스로 해결하기 위해 노력했던 가장 힘든 시기였다.

어머니도 그때 가장 많이 변하셨다. 모든 가치 척도를 돈에 두고 능률만 따지던 모습에 얼마나 가슴이 저렸는지. 호롱불을 켠 등잔 밑에서 숫자를 가르쳐 주던 때, 양말과 바지를 기워주던 모습, 명절이 다가오면 많은 손빨래로 손이 꽁꽁 얼었어도 그 옷들을 방망이와 숯 다림질로 새 옷처럼 만들어 주시던, 다정한 어머니가 그리웠다.

언제부턴가 화장을 잊어버린 어머니, 집 정리에 관심이 없는 어머니, 자식들을 위해 자신을 지워버린 어머니, 세월이 참 많이도 흘렀다. 부모님의 시간은 바쁘게만 흐른다. 세월호 사고로 작은아들을 잃고 기억을 잃어버린 어머니, 수많은 아픔과 충격으로 치매를 앓고 있는 어머니!

　아직도 어머니는 어렸을 적 손자를 생각하며 텃밭 채소와 쌈짓돈을 건넨다. 얼마나 그 기억으로 사실지 모르는 어머니께 무엇을 해드려야 할까? 갈피를 잡지 못하는 내 가슴에는 스산한 바람만 어지러이 불고 있다.

가로수

 초여름에 친구와 자전거 여행을 나섰다. 햇살은 비스듬히 기울어져 더위를 물리고 있다. 이마의 땀을 식히며 가로수 그늘에서 잠시 숨을 고른다. 초로의 농부가 운전하는 경운기가 느린 속도로 지나간다. 적재함에 앉아 모자를 눌러쓴 아낙이 먹거리를 농부에게 건네준다. 잠시 후, 열매가 많은 가로수 아래 경운기를 세운 농부가 잘 익은 살구를 따서 아낙에게 전달한다. 살구나무 가로수가 정겨운 모습을 연출하는 오후다.
 가로수를 생각하면 문득 떠오르는 기억이 있다. 코흘

리개 시절 학교 앞 신작로에서 고삐 풀린 염소가 내가 서 있는 방향으로 달려왔다. 그 뒤에 동네 아저씨 두 분이 피하라고 소리치며 뛰어왔다. 나는 그 순간 무서움에 힘껏 달렸으나 염소보다 느렸다. 염소가 내 뒤를 바짝 따라왔을 때, 엉겁결에 나무 뒤로 숨어 위기를 모면했다. 그 일을 겪은 후, 몽당빗자루 같은 길가의 미루나무는 내게 고마운 나무로 자리 잡았다.

  열두 살 때 아버지를 따라 논에서 김을 매고 있었다. 맑은 하늘을 나르던 비행기에서 동그란 물체가 내려오면서 점점 커졌다. 머리 위로 떨어지는 듯했다. 나는 호기심에 맨발로 달려갔다. 그 동그란 것은 낙하산이었다. 계속해서 내려오는 낙하산은 도착하는 장소에 따라 다른 모양을 보였다. 그것은 밭과 둠벙[2]에도 내려왔고, 사과나무 과수원과 도로에도 떨어졌다. 도로에는 차들이 빠르게 오가고 있었다. 마침 낙하산이 가로수에 걸려 사고를 막았다. 나무에 매달린 병사는 거미줄에 얽힌 잠자리 같이 버둥대며 힘들어했지만 큰 탈 없이 구조되었다. 잠시 몸부림치는 모습에 안타까움이 있었으나 안도감

---

2 둠벙: '웅덩이'의 방언.

으로 가슴을 쓸어내렸다.

　비 온 뒤의 고르지 못한 신작로는 많은 물구덩이를 만들었고, 가끔 달려오는 자동차는 세찬 물장구를 치면서 지나갔다. 가로수는 그 물을 맞으면서도 변함없이 자리를 지킨다. 건조한 날은 차가 지나가면 먼지 폭풍을 일으켰다. 먼지는 잎과 가지, 줄기에 두껍게 내려앉아 숨쉬기 힘들게 했을 것이다. 그래도 묵묵히 제자리를 고수한다. 남과 비교하지도 않고 평가하지도 않는다. 바람이 흔들고 혹한의 추위가 공격해도, 동물이 상처를 입혀도 내색하지 않는다. 누구와 시샘하지도 다투지도 않는다.

　도심의 가로수는 사방에서 쏟아지는 촉수 높은 불빛으로 잠들지 못한다. 아스팔트에 갇힌 뿌리는 숨을 쉬기 위해, 인도를 울퉁불퉁하게 하며 처절한 몸부림을 친다. 고난과 아픔이 옹이로 낙인되고 터진 살갗이 고달팠던 삶의 흔적으로 남아 있다. 그들의 아우성과 한숨 소리가 가슴 아프게 들려온다. 한이 맺혀 흘리는 눈물을 어떻게 해야 닦아줄 수 있을까. 탁한 공기로 멀미를 앓는 도시에 청량감을 더해주는 나무다. 우리 곁에 함께 생활하고 있는 생명체다. 존재 이유와 가치를 가진 고마운 가로수가 사람들의 무관심과 외면으로 고통을 견디며 살고 있다.

도심을 벗어난 가로수의 삶은 다른 모습을 보이기도 한다. 담양 메타세쿼이아 길은 갓 이발을 한 신사의 멋진 모습을 연출한다. 자연적으로 정형화된 수형을 만든다. 청주의 플라타너스 길은 녹음이 우거져 여름에 시원한 터널을 이룬다. 무성하게 높이를 자랑한다. 아산의 은행나무 길은 인위적인 손질을 최소화하며 자연 그대로의 모습을 보여줄 수 있게 했다. 백제의 고도 부여에는 전문가의 정성스럽고 세심한 손길로, 훤칠한 키를 뽐내며 고상하고 품격 있는 자태를 보여주는 소나무 길이 있다.

　김해의 벚나무 길은 꽃이 많이 필 수 있게 세심하게 보살피고, 충주의 사과나무 길, 영동의 감나무 길은 열매가 충실하게 맺히도록 가지치기를 해준다. 마치 인간의 천태만상 삶의 모습과도 닮아 있다. 다양한 방법으로 특성과 용도에 맞는 적절한 보살핌을 받는다.

　이제는 아스팔트 4차선이 된 신작로의 가로수는 사라졌다. 넓은 도로가 휑하니 지나가는 바람같이 쓸쓸하게 느껴진다. 젊은 시절에는 생계를 위한 활동으로 바쁘게 살았다. 이제 시간의 여유를 갖게 되어 옛 추억을 찾아보려 했으나 그 미루나무는 내 기억 속에만 살아 있다.

한적한 시골의 신작로를 걸으며, 깔깔대는 아이들의 웃음소리를 듣고 싶다. 가로수도 우리와 함께 살아가는 이웃으로 여겼으면 좋겠다. 사람들에게 친근하게 다가와 자신의 몫을 다하는 가로수에 따뜻한 보호의 손길이 더한다면 안전하고 아늑하고 포근한 안식처 같은 길이 될 것 같다.

올가을 가로수는 어떤 모양과 색깔로 우리를 맞이할까. 석양으로 커가는 모습이 믿음직한 군자의 위엄을 갖춘 듯 다가온다. 굳건하게 자리를 지키고 사람들에게 도움을 주는 마음이 고결하게 느끼는 것은 나만의 생각일까?

뚱이

　제자리서 맴돌다 잠을 잔다. 초승달 같은 눈썹이 만들어진 얼굴이 편안해 보인다. 포근한 집 테두리에 턱을 걸치고 가끔은 코도 골면서 깊은 잠을 자고 있다. 자꾸만 꿈속을 사는 시간이 늘어나고 달리기는 잊어버리고 걷기운동만을 고집한다. 하루에도 몇 번씩 자다가 깨기를 반복하고 있다. 그래도 욕심 없이 평안하게 살고 있다.
　십육 년 전 집안의 중심이던 아버지가 떠나셨다. 힘겹게 보내드린 어머니의 슬픔과 허전함, 상실감을 잊게 하려고 데려왔다. 생후 삼 주째에 데려와 좀 더 크면 어머

니 곁으로 보내려고 했는데, 열흘 사이에 정 들은 애들의 눈물 바람을 이기지 못해 지금까지 함께하게 된 우리 집 귀염둥이 반려견이다.

눈이 부시도록 하얀 털을 가지고 있어 보는 이들이 귀엽다고 찬사를 보내기도 한다. 칠 킬로그램의 몸과 삼십 센티미터의 키로 어미 토끼와 비슷하다. 날렵한 몸매를 자랑하며 가벼운 몸놀림으로 달리기를 잘한다. 모둠발 뛰기로 사냥감을 쫓아가며 고개를 약간 우측으로 돌려 비스듬한 상태에서 땅에 있는 목표물을 낚아채듯이 물고 좌우로 흔들며 정신을 혼미하게 하여 제압한다.

너무 어릴 때 데리고 와서 사회성이 없다. 자신이 공주인 줄 착각하며 산다. 다른 친구들과의 어떤 교류도 하지 않고 접근조차도 허락하지 않는 성격으로 가까이 다가오면 경고음을 발산한다. 깔끔한 성격으로 실내에서 용변을 보지 않아 항상 외부 산책으로 해결한다. 산책을 못 하면 하루 이상 참는 경우도 발생한다. 하루에도 몇 번의 산책은 필수다.

같이 생활하면서 하나둘 물건이 늘기 시작했다. 산책 후 발 씻기가 불편하다며 신발을 신기기 시작했다. 신발 신고 옷을 입은 신사가 되어 주변에 관심을 끌었다. 나름 유명 인사가 되었으며 이를 매개로 이웃들과의 대화가 이어졌고 사귐과 만남도 이루어졌다. 집이 세 채이며 식사 도구를 비롯한 땡벌 옷, 물방울무늬 옷, 만화주인공 옷, 드레스, 비옷 등 옷도 늘어갔다. 그의 물건들이 집 안 곳곳을 나날이 점령해 갔고 가족들의 관심을 끌어갔다. 많은 귀여움과 사랑을 받으며 살아왔다.

　올해부터 실내 용변에 거침이 없어지고 승강기에서나 현관에서나 안고 있을 때도 요실금을 하여 기저귀를 채우기도 하고, 치매로 인한 인지능력 저하로 힘들어하여 투약과 수액주사를 맞고 있다. 아들과 딸의 지원과 보살핌으로 여전히 정상적인 상태를 유지하고 있으나 잘 못 듣고 눈이 어두워져 거리 구분을 명확하게 하지 못하는 것은 어쩔 도리가 없다. 목욕하자면 화장실에 가서 앉아 있고, 옷 입자면 대기하던 총기는 사라졌다. 한곳에서 뱅뱅 돌기도 하고 걸음걸이가 어눌해지고 뒷다리에 힘이 없어 뒷걸음을 치지 못하여 구석에서 빠져나오지 못하기도 한다.

　퇴직 후 아내를 도와줘야겠다는 생각으로 이른 아침에 뚱이를 돌보기로 했다. 아침 용변 처리와 산책이다. 새벽에 하는 배드민턴 운동에 늦게 되고 서서히 빠지는 횟수가 늘어난다. 운동시간을 바꾸어 새로운 종목을 찾는다. 세월이 가면서 나도 변화가 생겼다. 뚱이도 나이가 많아 여러 가지가 변했다. 나의 미래도 그렇게 흘러갈 것이다. 제동을 걸어도 세월은 가고야 만다. 산책길에서 인생을 공부한다.

외국 여행은 하지 못했으나 전국을 고루 돌아다녔다. 제주 여행, 서해의 섬 나들이 등으로 비행기와 배도 타보고 기차여행과 해수욕장의 이름난 좋은 펜션, 고급호텔 투숙 등 나름 부유한 삶을 추구하기도 했다. 지금은 편안한 승용차도 한 시간을 견디기 힘들어하는 나이가 됐다.

가족의 관심을 끌면서 웃음을 주었고 행복하게 해줬다. 한결같이 믿음을 주었고, 누구도 탓하지 않았으며 미움과 시기, 질투를 해본 적이 없다. 불평과 불만도 없으며 남과 비교하지 않음으로 마음의 기복이 적어 안정감이 있었다. 밥은 많이 주어도 적절하게 나누어 먹었고 과식하거나 욕심내지 않았다. 몸무게를 항상 일정하게 유지하며 평생을 살았다.

부와 권력만을 좇다가 행복은 누리지 못하는 사람들이 많다. 경쟁 속에서 바쁘고 초조하게 사느라 힘들어한다. 목표만을 향하다가 인생은 생각할 겨를이 없다.

　앞서지도 않고 뒤처지지도 않고 옆에서 같이 가며 친구가 되어준 뚱이. 이승과 저승을 넘나드는 나이가 되어도 항상 변함없이 안정되게 살아가는 모습에 안도의 마음이 든다. 날마다 평안하게 하고 싶은 것들을 하면서 살아가는 듯하다.

　나도 평정심을 가지고 안정되고 편안한 마음을 항상 유지할 수 있었으면 하고, 욕심을 부려보지만 내 못난 의지력이 무너질 때가 많다. 욕심 없이 살아가는 모습은 부러움의 대상이다.

스무 살 정이품송을 만나다

- 미동산수목원

　10월이다. 맑고 높은 하늘은 유리구슬을 보고 있는 듯 영롱하다. 시원한 바람에 가냘프게 흔들리는 코스모스가 밝은 미소로 가을 나들이를 재촉한다. 무료하던 차에 물 한 병을 벗 삼아 미동산수목원으로 발길을 향한다.

　들어서는 입구에서 만난 정이품송의 후계목들이 길 양쪽에서 도열 하듯 만세를 부르며 친근하게 맞이한다. 싱그러운 소나무의 초록과 위풍당당한 자태가 자신감을 더하게 한다. 정문을 들어서면 충북의 마스코트인 고드미와 바르미가 앙증맞은 모습으로 반갑게 인사를 하니 한층 기분이 좋다.

정이품송 후계목

　미동산수목원은 미원면 미원리에 250ha의 방대한 면적으로 2001년에 개원하였으며 산림 휴양시설을 확충하여 도민들의 휴식공간으로 개방하고 있다. 힘들지 않은 완만한 경사의 깨끗하게 정비된 도로가 발걸음을 가볍게 한다. 낮은 능선을 따라 계곡으로 올라가는 산책로는 미동산을 순환하는 해아람길과 주 능선의 등산로인 해오름길로 만들었다.

　생태체험관, 목재문화체험관, 산림과학박물관, 난대식물원, 분재원, 나비생태원, 식충식물원이 방문객들에게 다양한 볼거리와 관심을 가질 수 있도록 손님맞이 준비가 됐고, 숲에는 조화롭게 배치된 긴 의자와 정자가 있어 숨을 고르며 여유롭게 거닐 수 있다.

희귀종을 심어놓은 유전자 보존원과 야생초가 대부분인 바이오식물원은 볼거리가 다양하다. 호수 옆 메타세쿼이아 길을 따라가며 상록담을 보면 분수대가 시원한 물줄기를 뿜고 커다란 잉어와 날랜 피라미가 어우러져 유영하는 한가로운 쉼터다. 수련, 갈대, 부들, 꽃창포, 가시연을 한곳에서 만나볼 수 있는 수생 습지원도 소중한 공간이다.

　수목원에는 간결한 표찰의 설명으로 식물에 관심을 가지고 배우는 재미가 있으며, 맑은 공기와 피톤치드는 건강에 도움을 주는 산림욕을 제공한다. 그리고 미세먼지 저감효과와 정서순화 및 수원함양에 도움을 준다. 도민들의 여가활동에 빼놓을 수 없는 교양 있는 휴식공간이며 산림문화 역량을 증진하는 장이다.

　나비생태원 앞에 2002년에 접목한 정이품송이 스무 살의 청년이 되어 늠름한 기상을 뽐내고 있다. 바람에 잔잔하게 흔들리는 부드러운 잎은 생기가 넘치고, 송편을 한입 베어 물었을 때의 상큼한 향기를 보내준다. 우람하고 튼실한 줄기의 황토보다도 더 환하게 빛나는 붉은색의 껍질이 눈이 부시게 느껴지는 것은 나만의 착각일까? 곧게 뻗은 가지와 균형 잡힌 나무 모양이 정이품송의 자태를 드러내고 있다.

속리산 정이품송

그 모습이 마치 코흘리개 시절 싸리문 사이로 예쁜 갈래머리 소녀를 훔쳐보던 짜릿한 기분과 같다.

젊은 정이품송은 속리산의 정이품송과 똑같은 개체이다. 입구에서 반겨주는 후계목은 정이품송에서 씨앗을 받아 파종해서 얻은 것이다. 어떤 수꽃가루가 수정된 것인지 정확하게 알 수가 없어 정이품송과 똑같은 개체라고 할 수는 없다.

정이품송의 가지를 가지고 다른 소나무 묘목에 접목으로 번식을 시킨 것은 어미나무와 똑같은 개체가 성장하는 것이다. 주변의 다른 소나무와도 확연히 구분되는 외형과 가지의 형태, 줄기의 색깔과 모양을 볼 수 있다. 접을 붙인 소나무의 아래쪽 대목은 껍질이 거북등같이 검은색이며 깊은 골을 만들고 있으나 젊은 정이품송은 매끈하고 붉은색의 줄기가 산뜻하고 아름답게 보인다. 정이품송의 유전자는 주변의 소나무와도 구분되게 다른 모습을 보여준다. 미동산수목원에 30여 본이 식재되어 자라고 있다는 접목과 식재에 참여했던 담당자 설명이다.

무궁화 통일동산에는 2만 본이 넘는 무궁화가 있고 나라꽃 무궁화 전국 축제에서 매년 최고상을 받을 정도로 우수한 작품이 많았다. 무궁화의 아름다움을 잘 알지 못했던 미안함이 솟는다. 말로만 나라 사랑을 한 것 같다. 태극기와 무궁화 같은 나라 사랑과 관계된 것들이 관심 밖으로 멀어졌었다. 반성의 시간을 가지며 새롭게 다짐하는 계기가 되었다.

수목원에는 자랑거리가 많았다. 산림욕과 산악자전거를 즐길 수 있는 오밀조밀한 숲길은 조용한 만남으로 청춘남녀가 사랑을 싹틔우는 낭만의 장소로도 손색이 없다. 산림문화도 배우고 수목에 대한 지식도 쌓고, 여가를 즐길 수 있는 수목원은 안 가본 사람은 있어도 한 번만 간 사람은 없다고 할 정도로 사람들의 발길을 유혹한다.

스무 살 정이품송

  봄에는 미선나무의 작고 앙증맞은 꽃에서 풍기는 진한 향기에 취하고, 여름에는 여러 종류의 번창한 꽃을 피우는 무궁화동산에서 밝은 웃음과 함께 어울리고, 우람한 근육질의 메타세쿼이아 그늘에 앉아 한담을 나눌 수 있는 곳, 가을에는 오색의 단풍으로 화려하게 단장을 하는 사색의 장소로도 좋다.

  스무 살의 정이품송을 만나러 가는 미동산은 초례청에서 어깨 너머로 바라보던 아리따운 신부의 상기된 얼굴을 본 것 같이 황홀하고 반가운 설렘으로 가득하다.

품앗이

　사람들이 모여 있다. 수해로 피해를 본 마을에 온정이 모여든다. 너나없이 구슬땀을 흘리며 복구에 힘을 보탠다. 자원봉사자들이다. 이웃의 아픔을 제 아픔처럼 여기며 나누었던 품앗이의 전통이 되살아난다. 폐허가 된 삶의 터전을 복구하는 공동체의 따뜻한 그림자가 아른거린다.

　바람이 불면 너른 들판의 벼들이 일제히 푸른 물결을 이루며 고개를 젓는다. 사람들은 어깨를 맞대고 허리를 굽혀 한 몸처럼 움직인다. 오늘은 우리 집 모를 내고, 내

일은 이웃집 보리밭 김매기에 나선다. 손끝에 묻은 흙냄새와 땀방울이 뒤섞여 하루하루가 서로에게 스며든다. 그 마음을 '품앗이'라 부른다. 품앗이는 돈이 오가지 않는다. '오늘은 내가 너를 돕고 다음에는 네가 나를 돕는다.'는 굳건한 약속과 말 없는 믿음이다. 그 신뢰가 마을을 묶는 끈이 된다.

  논바닥에 줄지어 선 어른들이 호미로 흙을 뒤집으며 흘려보내는 이야기는 바람결에 스치는 파도 같았다. 장터 소식, 며느리 자랑, 날씨 걱정이 섞여 흐르고 그 사이사이에 서로를 살피는 눈빛이 스며 있었다. 논두렁 끝에서 번져오는 웃음소리, 볏단 위에 앉아 나누는 새참의 맛은 세월이 흘러도 잊히지 않는 풍경의 한 조각이다. 품앗이는 노동의 교환이었지만 그보다 더 깊은 건 마음의 나눔이었다.

  '80년의 봄'에 휴교로 학교 정문은 전차가 가로막고 군인들이 총을 들고 출입자를 세심하게 통제했다. 계엄군은 교수님들의 연구실도 무단으로 드나들며 무례를 저질렀다. 학교는 갈 수가 없어 고향으로 내려왔다. 한창 모내기 철이어서 일손이 바빴다. 나에게도 이 집 저 집에서 품앗이를 요청했다. 모내기 논에서 일손을 맞춰

보았으나 느리고 서툴러서 좁은 면적을 차지할 수밖에 없었다. 좌우에선 어른들의 도움으로 서서히 그 속도를 따라잡게 되었다.

  발이 빠지는 무논에서의 힘들고 고된 일은 빨리 배가 고프다. 시시때때로 나오는 참과 막걸리를 먹게 된다. 오후가 되면 얼근하게 취한다. 피곤한 몸에 일찍 누우면 바로 꿈나라로 직행이고 이른 아침 눈 비비고 들판에 나가야 한다. 허리가 아프고 허벅지에 알이 배이고, 온몸이 뻐근하지만 온 동네 모내기가 끝날 때까지 해야 한다. 낭만도 있다. 누군가 한 자락씩 노래를 시작하면 모두가 따라 부르며 떼창을 한다. 일이 끝나고 뒤풀이가 이어질 때도 있다. 모두 한마음으로 같이한다.

  품앗이는 농사일에만 필요한 것이 아니다. 직장 생활에서도 동료가 도와주는 일들이 생긴다. 급한 일에 차를 태워주는 일, 내 일로 빠졌을 때 대신해 주는 일도 품앗이다. 손익을 따지지 않고 건네는 도움의 손길들은 개인의 업무부담을 덜어줄 뿐만 아니라 동료 간의 깊은 믿음을 쌓고 끈끈한 유대감을 갖게 한다. '함께'라는 소속감과 안정감을 준다. 신바람이 나면 생산성과 사기가 높아져 각자의 역할을 즐겁게 수행하는 원동력이 된다. 직장 내 인간적인 온기가 삶의 질을 풍요롭고 기름지게 한다.

품앗이의 뿌리는 '네가 있어 내가 산다.'는 마음이다. 혼자서는 감당하기 어려운 짐을 서로의 어깨에 나누는 일이다. 그래서 품앗이는 나중이라는 시간이 들어 있다. 오늘 내가 베푼 도움은 당장 돌아오지 않을 수 있다. 언젠가는 다른 모양으로 돌아온다. 그 기다림이 마음을 넉넉하게 한다.

아버지는 "품앗이는 빚이 아니다. 갚아야 한다고 생각하면 무거워. 그냥 기회가 되어 도와주면 되는 거야."라고 하셨다. 빚은 갚으면 끝이지만 품앗이는 계속 이어져 이웃을 묶고 마을을 묶고 세대를 이어준다.

요즘은 빠름과 효율을 추구한다. 품앗이는 기다림이 필요하다. 그 기다림이 숨을 고르게 한다. 누군가에게 시간을 내주는 행위, 그 마음을 받는 순간의 온기는 효율과 속도를 초월하고도 남는다.

사람들이 조금만 더 품앗이의 마음을 키울 수 있었으면 좋겠다. 길에서 넘어진 아이를 일으켜 주고 노인들의 무거운 짐을 들어주고 힘든 친구에게 조용히 시간을 내주는 일, 그 작은 품앗이들이 모이면 생기 넘치는 도시가 되겠지.

고향집에서 가지와 고추를 따왔다. 오면서 친구 집에 들른다. 지난주에 귀한 백봉오골계알을 준 친구다. 딸은 이 알이 고소하고 맛이 좋다며 또 먹고 싶어 한다. 여유 있을 때 주고, 또 나누고 계속되는 순환이 행복이 된다.

품앗이가 되면 공생과 협업도 잘 이뤄져, 세상은 부드러워지고 사람들은 더 너그러워질 것이다. 힘든 일로 외롭게 서 있는 날, 어디선가 다가와 내 손을 잡아줄 그 한 사람이 바로 품앗이로 이어진 인연일 것이다.

삼금과 일장춘몽

　햇살이 눈부시게 밝은 날. 하굣길 신작로에 사각형의 납작한 007가방이 있다. 주위를 둘러보고 살며시 다가가 가방을 열어보니 고액권 지폐가 가득하다. 가슴이 쿵쾅거리고 얼굴이 화끈 달아오른다. 욕심이 나서 누가 볼세라 가방을 안고 집으로 뛰어가다 넘어져, 돈이 바람에 흩날린다. 돈을 잡으려 발버둥 치다가 땀을 흘리며 잠에서 깨어난다.

　초등학교 4학년 봄 소풍날. 어머니께서 평소와 같은 도시락을 들려준 다음 안방 문 위에 두 개로 겹쳐 묶어

놓은 복조리에서, 12원의 동전을 모두 꺼냈다. 나에게는 7원, 1학년 동생에게는 5원을 주고, 호미를 들고 밭으로 나가셨다. 어린 마음으로는 양에 차지 않는 액수였다. 하소연해도 소용없는 일이라 그냥 갔던 날, 가슴에서는 거센 풍랑이 일었다. 그때부터 부자가 부러웠다.

　살면서 소중하게 여겨야 할 '금' 세 가지가 황금과 소금, 그리고 지금(now)이라고 한다. 황금은 노란색의 무른 금속을 말하며, 귀중하고 가치가 있는 것을 비유적으로 이르는 말로 돈과 재물을 뜻한다. 전성기, 빛나다, 귀하다, 귀중하다, 가치 있다, 좋은 것 등을 표현하기도 한다.

　인간의 편리를 위하여 만들어진 돈이 인간을 지배한 지는 고대부터인 듯하다. 중국의 사학자 사마천은 "백금으로 형벌을 면하고, 천금으로 죽음을 면하고, 만금으로 세상을 얻는다."며 생살여탈권을 이야기했다. 또 "상대방의 부가 나보다 열 배 많으면 그에게 비굴해지고, 백 배 많으면 그를 두려워하고, 천 배 많으면 그의 심부름꾼이 되고 만 배 많으면 그의 노예가 된다."고 했다.

　자본주의에서의 황금은 절대적인 위력을 가진다. 정치도 종교도 돈에 의해 좌지우지될 정도이다. 사건 사고의 대부분이 돈과 연관되어 있다. 그렇지만 재력 없이 할 수 있는 것은 매우 한정적이다. 돈을 필요할 때 잘 활용하는 균형감이 필요하다. 재력이 있어야 생활을 할 수 있고 안전과 사회적 욕구도 충족시킬 수 있으니 황금은 소중하다.

소금은 짠맛이 나는 흰색의 결정체로 햇볕을 이용하는 천일염, 바닷물을 졸여 만든 자염, 천연 염화나트륨인 암염이 있다. 우리 몸에 신진대사를 촉진하고 소화를 도우며, 동맥경화 예방과 해독작용을 하고, 미네랄 공급 및 체액균형에 관여한다.

깨끗하지 못하고 더러운 것, 불길한 일, 무당굿의 첫째 거리를 씻을 때, 오줌을 싼 아이에게 키를 씌워 교육할 때, 간혹 바닷물을 쓰기도 하지만 간수 빼서 두부 만들 때도 소금이 필요하였다.

펄펄 살아 있는 배추를 숨죽이고, 단단한 무의 힘을 빼는 작업에도 소금을 사용하여 긴긴 겨울 반찬으로 애용되는 김장을 하였다. 날뛰는 해물들을 삭혀서 젓갈을 만들 때도 소금이 이용된다. 음식의 보존과 풍미를 더해주고 부패를 방지한다. 김치, 깍두기 같은 발효식품과 장아찌나 식재료의 염장에도 약방의 감초처럼 필수적인 재료로 중요한 역할을 담당한다. 전통적인 먹거리인

간장, 고추장, 된장을 담글 때도 소금이 빠져서는 안 된다. 우리 식생활에 필요한 소중한 재료임이 확실하다.

지금은 현재, 이때, 이 순간으로 시간의 개념이다. 모든 일의 출발점, 시작점, 가장 빠른 때를 말한다.

사람들은 이 순간도 각자 자신의 인생길을 가고 있다. 젊은 시절 성실하게 노력하여 조금은 여유가 있는데도 왠지 허전하고, 공허하고, 허무하고 만족감이 없다. '삶의 목적은 무엇인가?' 생각해 본다. 만족감, 충만감, 인생의 행복과 완성도를 찾기 위해 움직인다. 자아실현을 위한 노력을 하는 사람은 시간이 중요하다. 세월은 흘러간다. 잠시도 쉼이 없다. 지금은 순간이다. 순간이 모여서 인생이 된다.

모든 사람에게 가장 평등하게 주어지는 것이 시간이다. 미래는 불확실하고, 개척하는 것은 불안하고 힘든 일이다. 지금 집중해야 행복하다. 인생에서 행복한 사람은 지금 웃는 자일 것이다. 과거는 연기처럼 사라진다. 하고 싶은 일을 위해 현재 어떤 생각을 하고 실행하느냐가 중요하다. '지금'을 누리는 삶이 최선일 것 같다.

황금에 너무 빠지면 돈독이 올라 인간관계가 무너지고, 소금을 지나치게 많이 섭취하면 건강에 해롭다. 지금에 올인하면 일중독에서 헤어 나오지 못한다. 소중한 세 가지 '금'의 균형을 맞추어 조화롭게 병행하여야 아등바등 아귀다툼하며 일장춘몽을 기대하지 않는 평안하고 근사한 삶이 되지 않을까.

그래도 따뜻한 봄날이 오면 맛난 음식 먹고, 편안한 오수(午睡)에 취해 황금 꿈을 꾸고 싶다.

어떤 기다림

　초록불이다. 발걸음을 재촉한다. 잠시 멈춤에 조급함이 인다. 기다림은 언제나 익숙하지 않다. 좋아하는 사람과 같이 갈 때의 신호등은 잠시 멈추어도 좋다. 기다림은 일상의 짧은 순간이지만 누구와 기다리는지 어떤 만남을 위해 가는지에 따라 여러 가지 감정과 생각이 교차한다.
　기다림은 만남을 전제로 한다. 어떤 일이 생기기를 바라며 그 순간을 기다리는 상태다. 삶에서 자주 맞닥뜨린다. 가슴을 졸이며 기다리기도 하고, 설레며 뛰어가기도

한다. 생각의 멈춤, 그리움, 비움이 되기도 한다. 기대와 긴장, 설렘, 때로는 지루함을 동반한다.

어릴 적 난방과 취사의 땔감은 모두 손수 마련해야 했다. 아버지는 땔감을 구하기 위해 지게를 지고 산으로 향했다. 가까운 곳에선 이미 땔감을 구할 수 없다. 장작은 언감생심이요, 억새같이 길게 자란 풀들을 깎아 모아 큰 동이로 묶어 지게에 지고 왔다. 힘에 겨워 기진할 즈음 석양에 긴 그림자를 이끌고 몸과 짐이 함께 이동한다. 나뭇짐이 햇빛을 등에 지고 그림자를 만든다. 고통을 가리려는 것처럼.

가끔 내가 좋아하는 꽃이나 열매를 가져오실 때가 있었다. 꽃잎이 바람에 날아갈까 신경을 써서 가져왔을 것이다. 꽃은 동생들과 놀이의 재료로 좋은 선물이었다. 열매는 색다른 맛을 선사하는 귀한 경험이었다.

멀리 나뭇짐이 보이면 한달음에 달려가 지게 작대기를 받아 들었다. 지게 작대기를 뺏어가는 자식이 귀엽겠지만 속으론 얼마나 야속했을까. 아들은 아버지의 선물을 기다리고 아버지는 목마름을 해소해 줄 것을 기대했을 것이다. 아들이 아버지를 기다리는 마음과 아버지가 아들을 기다리는 마음은 서로 다른 곳을 향하고 있었을 것이다.

　내겐 잊을 수 없는 어떤 기다림이 있었다.

　그해 4월, 팽목항에 철없이 불던 봄바람, 바람 속에 한과 슬픔이 녹아 있었다. 간간이 불어오는 바람이 자주 흙먼지를 일으켰다. 흙먼지가 들어간 눈은 바다를 흐릿하게 만들었다. 가슴은 두근거리며 가쁜 숨을 몰아쉬게 했다. 기대와 실망, 그 사이에서 끝이 보이지 않는 기다림이었다. 돌아오지 않는 그리운 사람을 기다리는 마음만큼 아픈 일은 없을 것이다. 결과를 알고 있으면서도 돌아설 수는 없었다. 고통스러운 기다림은 때로 절망하게 만든다.

　머리만 내민 뱃머리를 쳐다보며 일각이 여삼추 같다. 한 달이 백 년 같은 시간을 보내야 했다. 슬퍼하는 표정과 한숨이 가득하고 실망하는 언사로 얼룩지는 다시는 겪고 싶지 않은 별난 일상의 연속이었다. 차가운 시멘트 바닥은 잠들기 어렵게 하고, 시시비비를 따지는 아우성은 긴 밤을 지새우게 했다. 몸과 마음은 조각난 유리처럼 부서지고, 어지러움과 혼란스러움에 처절한 몸부림의 날들이었다.

　살아 있을 것이란 희망이 사라지고 슬픔은 무력감으

로 다가왔다. 내 마음은 회색빛으로 바뀌어 빛을 찾기 어려웠다. 못 올지 알면서도 기다릴 수밖에 없던 그 시간들은 눈을 뜨고도 보이지 않는 심연에 빠진 듯했다.

십 년의 긴 시간이 스쳐 갔다. 그 세월에도 평정심을 찾지 못하는 건 집착인가. 상흔 때문일까. 시간이 흘러도 푸른 신호등은 들어오지 않는다. 나는 아주 먼 곳에 있는 동생에게 다가가고 싶었다.

거친 바닷가에서 애타게 기다린 지 한 달 만에 동생이 올라왔다. 소지품은 핸드폰과 지갑, 호각이었다. 지갑에는 신분증과 젖은 지폐가 납작하게 숨도 쉬지 못하고 붙어 있었다. 핸드폰은 소금물에 절여져 몸통은 허연 부분이 많았고 테두리는 초록색으로 변해 오랫동안 잠겨 있었음을 알려주었다. 녹슨 유심은 판독할 수 없었고 아무 정보도 알려주지 않았다.

생사가 갈리는 그 마지막 시간에 호각은 얼마나 소용이 있었을까. 침착하게 진정시키고 구조의 시간을 얼마나 기다리게 했을까. 제소리를 낼 수 없는 상처 입은 호각이 우-우우 한스럽게 우는 듯하다. 호각 끈 가장자리가 보푸라기로 날리고 산발한 여인네의 머리처럼 물속을 떠다니는 것 같아 억장이 무너진다.

인생은 기다림의 연속이다. 잡을 수도 없고, 데려올 수도 없다. 생각이 다른 기다림도 있고, 기다릴 만큼 기다려도 끝이 나지 않는 기다림도 있는 것 같다.

나는 지금도 동생을 기다리고 있는지 모른다.

이 겨울의 꿈

 어머니께서 콩나물시루에 물을 준다. 편안하고 안정된 자세로 정성스레 부어주고 있다. 물을 주는 마음은 베푸는 마음, 성장시키는 마음, 정화하는 마음이 어우러져 있다. 어떤 바람으로 물을 주고 계실까.

 지난봄에 쥐눈이콩을 샀다. 까만색의 작고 동그란 모양이 새앙쥐의 반짝이는 눈을 닮았다. 씨앗을 텃밭에 심었다. 콩은 새싹을 틔우고 무더운 여름에 왕성하게 자랐다. 뜨거운 태양을 식힐 듯이 넓은 잎이 초록으로 텃밭 한쪽을 존재감 있게 차지했다. 가을에는 굵은 줄기에 많

은 콩을 달고 꼿꼿한 자세를 견지했다. 성숙한 콩은 마당에 누워 따뜻한 햇볕을 받으며 씨앗을 한두 개씩 튀기고, 잊히기 싫어하는 아이처럼 소리도 냈었다.

평생 작물을 가꾸어 오신 습관은 겨울에도 쉬지를 못한다. 일을 만드실 것을 막으려면 미리 방책을 세워야 한다. 작지만 기르고 보살피는 콩나물시루를 만들었다.

수확한 콩은 커다란 플라스틱 통에 잠들어 있다. 곤히 잠든 녀석을 깨우기 위해 물에 담가 몸집을 불린다. 따뜻한 안방의 구석을 점령한 투박한 옹기뚜껑에 각목 거치대를 만들고 시루를 올렸다. 건강이 한결같지 않은 어머니가 생각날 때마다 물을 주시니 콩의 아우성이 들리는 것 같다. "목말라요! 수분 부족으로 몸무게가 줄어들고 있어. 물을 주세요." 한다. 어떤 때는 "아! 숨 막혀요. 이제 그만하세요." 하며 하소연하기도 한다. 어머니는 그들의 아우성을 알아채지 못하실 때가 있다. 들쭉날쭉 물주기는 길쭉이도 난쟁이도 만들지만 열흘 정도 지나면 요리의 재료가 되어 무침도 되고 국거리도 되어 물을 주신 정성에 보답하는 찬거리가 되었다.

콩나물의 생김새는 오선지의 음계같이 머리에 몸통만 있는 불완전하지만 나름 구실을 하는 식물체다. 살아 있는 생명은 하찮은 존재가 없다. 콩나물도 생명이다. 그들도 꿈이 있겠지. 햇볕 한 번 보지 못하고, 잎도 꽃도 피워보지 못하고, 열매도 맺지 못해 가뭇없이 사라진다. 화사한 꽃도 피워보고 후손도 남기고픈 종족 보존의 본능이 왜 없겠는가. 짧은 생을 살다가 인간이 필요한 맛과 영양을 주고 가는 것을 업으로 알고 있을까.

영하의 삭풍 아래 들판의 풀들이 얼어붙은 땅속으로 기어들어 뿌리에만 집중하던 시기에 반찬거리는 시래기, 묵나물, 호박고지, 무말랭이가 주였다. 수분을 머금고 살아 있어 싱싱하고 아삭한 콩나물은 겨울 반찬으로 으뜸이었다. 풋것을 먹을 수 있게 했고, 아낙네의 남편 속을 시원하게 뚫어주어, 사랑받고 지혜로운 주부로 만들어 주는 역할을 담당했던 해장국 재료가 되었었다.

동물이 먹는 모든 것은 생명이다. 생명의 소멸이 동물에 의해 결정되는 식물이 안타깝기도 하고 미안하기도 하다. 죄스러운 느낌이 들기도 하지만, 생존을 위해 어쩔 수 없는 선택이라는 구차한 변명을 늘어놓을 수밖에 없다. 식물을 먹이로 하는 동물들의 삶의 가치는 얼마나 되며 의미는 무엇일까.

사람에게 도움을 준 콩나물의 꿈을 주목(注目)³하면 결실 같고, 유목(遊牧)⁴하면 인간의 만족감 채우기가 아닐까 한다. 내 몸이 뭉그러져도 자식의 성공만이 소원이라는 어머니의 꿈과 닮았다. 대학 시험을 치러 가던 날, 먼동이 트기 전에 장독대에 정화수를 떠놓고 치성을 드린다. 아침 일찍 인절미 만들어 들려주고, 눈을 맞으며 마을 어귀에서 내가 보이지 않을 때까지 외로이 서 계셨다. 눈이 내려 멀어져 갈수록 작아지고 희미해지던 어머니가 콩나물시루에 물을 주는 모습과 하나가 된다.

　자라면서 어머니의 칭찬을 들어본 기억이 별로 없다. 그렇다고 특별히 야단이나 질책도 거의 없었다. 이웃집 닭의 다리를 다치게 했을 때도 친구와 싸우고 상처를 냈을 때도 그저 말없이 보듬어 주셨다. 콩나물시루에 물을 주듯이 응원하고 지켜보며 믿음을 주셨다. 그 믿음이 더 이상 어긋난 행동을 막은 것 같다.

　교직 생활을 시작할 때 아버지께서 "애들을 가르치는 일은 콩나물시루에 물 주듯 해야 한다. 인내와 끈기를 가지고 노력해야 한다. 물은 빠져도 콩나물은 자란다."

3　주목: 한 곳만 주의 깊게 바라보는 것.
4　유목: 일정한 초점 없이 사방을 두리번거리는 시선.

고 당부하던 말씀이 생각난다. 그러나 자주 감정이 앞서 기다려 주지 못할 때가 많았다. 콩나물시루에 물주기와 학생들의 습관을 바꾸기 위한 교육은 닮은꼴이다. 둔감한 나는 이십오 년이 지나서야 온전히 깨달았다.

세월의 흐름 속에 세상도 변해간다. 우리의 생활도 그렇다. 하나둘씩 사라지는 것들이 늘어난다. 인위적이든 자연적이든 모르게도 사라지고 알게도 사라진다. 집집마다 키우던 콩나물은 공장에서 대량으로 재배된다. 마트에서 필요한 양만큼 살 수 있다. 그에 따라 콩나물시루도 자취를 감췄다. 물을 주며 소망하고 기다리던 시간이 이제는 필요 없다.

그래도 이 겨울 나의 꿈은 따뜻한 방 안에서 콩나물의 아우성을 들으면서, 즐거운 마음으로 물을 주는 어머니 모습을 많이 보는 것이다.

산불

 싱그러운 연초록의 봄이다. 아지랑이가 들녘을 덮고 꿈틀거린다. 새 생명이 언 땅을 딛고 뾰조롬히 머리를 내민다. 버드나무는 성급하다. 물을 올리며 버들강아지의 보드라운 솜털과 반짝거리는 껍질로 치장한다. 참나무는 아직은 추운지 기척도 없이 지난해 가지의 눈으로 살아 있음을 전한다. 숲은 계절의 변화에도 친근하게 감싸준다.
 대학 시절 월악산 자락에 엎드려 있는 작은 마을로 봉사활동을 갔었다. 길은 험해 버스가 들어가는 걸 거부했

다. 짐을 메고 마을까지 걸어가야 했다. 가는 길에 운 좋게 경운기를 만났다. '말 타니 종 두고 싶다.'고 짐을 싣고 뒤따라가다 보니 나도 얹혀가고 싶었다. 하지만 산자락을 덮은 나무처럼 우린 젊고 싱싱했기에 미안한 마음이 들어 순간적으로 얼굴이 확 달아올랐었다.

마을에 도착하여 진입로 확장작업을 도왔다. 오후에 숙소인 분교에서 주변을 둘러보니, 먼 산의 울창한 숲은 순하게 마을에 닿아 있고, 이불을 덮은 듯 포근해 보였다. 겨울임에도 온화한 느낌이었다. 잎이 없는 활엽수 사이로 드문드문 산의 속살이 보였고, 소나무의 푸름과 보기 좋게 어우러져 있었다. 이 땅을 딛고 살아온 이들의 삶과 생활의 터전이다. 약초와 땔감은 산골 사람들의 삶을 지탱하게 하였고, 그렇게 살다 간 피붙이들의 영원한 안식처가 되어, 삶과 죽음을 연결하는 신앙의 대상이 되었다.

마을 사람들은 부드러운 산을 닮아서인지 순박하고 따뜻했다. 어스름 달빛에 창호지 너머로 댓잎 흔들리는 소리와 사랑방에서 윷가락 부딪치는 소리가 섞였다. 그 소리는 마을 사람들과 우리를 연결하는 고리였다. 서리 맞은 고욤을 항아리에 삭힌, 이웃 할머니표 간식은 밤이

이슥하도록 입과 떼어놓을 수 없었다.

 삭힌 고욤처럼 서로의 정이 익어가던 사흘째 산에 불이 났다. 마을 사람들이 산으로 달렸고, 우리는 그 뒤를 쫓았다. 산세가 가팔라 불에 접근하는 데에도 상당한 시간이 걸렸고, 절벽이 많아 불똥이 떨어지면 돌아서 내려가는 시간에 불이 번져갔다. 어떤 친구는 급한 마음으로 내려가다가 잡았던 바위가 떨어져 아찔한 순간을 맞이하기도 했다. 매캐한 연기는 숨 쉬는 걸 막았고 불에 덴 듯 살에 달라붙는 열기는 정신까지 혼미하게 했다. 급한 마음에 빈손으로 뛰어갔으니 타오르는 불 앞에서 오죽했으랴. 궁여지책으로 소나무 가지를 잘라 불을 두드려 껐다. 산불을 정리하고 분교에 도착하니 쥐꼬리만큼 짧은 겨울의 오후가 어둠에 묻혔다.

 교실에 들어서니 마을 어른들께서 "어서들 오시게. 수고 마않안~았네." "아-암, 그렇고말고 학생들이 크은~일 했지." 하며 박수로 반겨주신다. 식사도 같이 하고 노래도 한 자락씩 부르며 어울렸다. 삶의 터전이 한순간 불타버린 쓰린 마음이야 오죽할까만, 불 끄기에 손을 보탠 학생들에게 음식을 장만하고, 고마움을 전하는 어른들의 따뜻한 속내가 묵직하게 내리누르던 짐짝같이 가슴을 저리게 했다.

　마음을 다독이며 잠자리로 향할 때 산에 불이 다시 보였고 조금씩 커지고 있었다. 불안한 잠자리를 박차고 먼동이 틀 때쯤 산불 지역에 당도하였다. 불은 낙엽과 떨어진 잔가지를 태우고 불꽃과 연기를 피우며, 격렬하게 위를 향해 올라왔다. 불 머리는 사나운 맹수와 같았다. 뜨거운 열기가 올라오고, 산소가 없어져 순간적으로 숨이 막혀 질식할 수도 있다. 산불의 진화는 정면이 아니고 측면에서부터 꺼나가야 한다. 내려가는 쪽에서는 힘이 없다. 챙겨온 도구와 어제의 경험치로 빠른 진화를 할 수 있었다.

　산불은 블랙 천지를 만든다. 낙엽이 모두 타버린 뒤 드러나는 맨땅, 검게 그을린 나무줄기, 잎이 갈색으로 변해가는 나무는 아쉬움을 더한다. 정서적 삭막함은 서늘한 풍경으로 다가온다. 비가 오면 잿물이 흘러 계곡의 생물들이 사라진다. 같이 호흡하던 동식물이 사라진 공간을 대하는 사람들도 풍요로운 감정을 잃기는 마찬가지다. 검은 민둥산은 어두워서 무섭다. 산사태의 우려도 크다. 그 산을 보고 산과 함께 살아가야 하는, 순박한 사람들과 헤어짐에 쉬이 발길이 떨어지지 않았다. 투박한 손과 하회탈의 웃음을 간직했던 어른들의 모습이 아른거린다.

　세월이 많이도 흘렀다. 지금은 누구와 같이 있었는지도 희미하다. 모두 자기 일처럼 몸도 사릴 줄 모르고 사생결단의 각오로 1박 2일의 산불 진화에 최선을 다했었다. 그 정신으로 살아온 학우들은 행복하고 부유한 가정을 이루었으리라 짐작된다. 이제 시간적 여유가 생겼으니 추억을 이야기할 기회가 있기를 기대해 본다.

　숲은 생명이 발원하고 신비로운 에너지로 사람을 끌어들이는 모험의 장소이기도 하고, 수많은 동식물과 함께할 수 있는 놀이터다. 지혜를 터득하고 감수성을 일깨우며 잠재력을 발휘하게 하는 살아 있는 공간이다.

　대형산불로 사라지는 숲을 보면 안타깝다. 함께 호흡하고 살아가는 친구로서 아끼고, 보듬는 사랑의 대상이 되었으면 좋겠다.

　사람이 나무와 가깝게 지내면 편안한 쉼터(休)가 생긴다. 산을 가까이하면 신선(仙)이 될 수 있을까.

활(弓)

 활터로 가는 길, 은행나무가 길게 도열하고 있다. 은행잎이 수북이 쌓인 길을 따라가면 넓은 운동장이 펼쳐지고, 그 너머로 산자락이 눈에 들어온다. 길옆 시냇물은 조용히 흐르고, 숲을 이룬 나무들이 키재기를 한다. 홀로 선 버드나무는 눈웃음을 짓고 있다. 안개가 과녁을 희미하게 가릴 때는 꿈속을 걷는 기분이다. 사계절 내내 변화하는 자연 속에서 활을 쏘며 편안한 안정감을 얻는다.
 활을 배우기 전에는 배드민턴을 했다. 한 게임만 하여도 땀이 흐르고 기분이 상쾌해진다. 위를 향하는 스윙은

머리를 맑게 해주었지만, 무릎엔 부담이 있었다. 통증이 찾아왔고 의사는 다른 운동을 권했다.

어느 날 TV에서 활을 쏘는 백 세 어르신을 보았다. 허리를 곧게 세우고 차분하게 과녁을 조준하는 모습이 퍽 인상적이었다. 무릎에 부담도 적어 보였고, 나이 들어가며 혼자서도 할 수 있는 적절한 운동이라는 생각이 들었다.

그날 활터를 찾았다. 넓게 트인 벌판과 멀리 산자락, 그 앞에 묵직해 보이는 과녁이 있었다. 연초록 풀잎이 싱그러움을 더하고, 푸른 잡초 사이로 새들이 날며 노래한다. 시원하고 평화로운 기운이 온몸을 감싼다. 바로 입회를 결정했다. 선배 궁사께서 오는 길에 찾았다며 행운의 네잎클로버를 주었다. 덕분에 산뜻한 마음으로 돌아왔다.

인류는 오래전 야생 동물로부터 신변을 보호하고 사냥을 위해 활(弓)을 사용해 왔다. 활은 가장 오래된 무기다. 영화 〈최종병기 활〉에서는 활이 가장 우수한 무기로 그려진다. 이순신 장군도 활을 중요한 무기로 다루며 부하들에게도 활쏘기를 독려하였다. 지금은 도(道)를 중시한 정신 수양과 신체 단련을 주로 하는 스포츠다.

활은 목표에 집중함으로써 마음을 진정시키고 집중력을 길러준다. 실패를 극복하며 반복적인 연습을 이어가다 보면 자연스레 인내심이 자란다. 몸의 균형을 잡아주는 활쏘기는 스트레스를 줄이고 평온한 마음을 되찾게 한다. 곧게 서서, 가슴을 펴고, 고개를 들고 과녁을 바라볼 때, 내 안의 혼란도 가라앉는다.

오른손은 시위를 당기고, 왼손은 활의 몸을 밀어준다. 탄력을 받은 시위가 팽팽하게 긴장될 때, 오른손은 턱밑까지 당기고, 왼손은 앞으로 쭉 뻗는다. 균형이 맞는 순간 가볍게 활시위를 놓는다. 화살은 깃털처럼 가볍게 하늘로 날아오른다. 꼬리를 흔들며 날아간 화살이 과녁을 때리는 경쾌한 소리는 짜릿한 만족과 즐거움을 선사한다.

'세월이 쏜살같다.'고 한다. 왜 세월을 화살에 비유했을까. 화살처럼 날아가고, 제자리로 돌아오지 않기 때문인가. 아니면 화살의 궤도는 목표 없이 계속 돌면 제자리로 돌아오기 때문인가. 끊임없이 순환하며 돌고 도는 세월과 닮아서인지도 모른다.

장난감이 귀하던 시절, 포장용으로 쓰인 동그랗고 노란색 고무줄로 만든 활에 종이를 화살 삼아 쏘던 기억이 있다. 동생과 장난치다 얼굴을 맞추어 울리기도 했다. 지금도 활을 잡으면 하늘을 올려다보게 된다. 동생은 이제 저 하늘 어딘가에서 자유롭게 떠다니며 나를 내려다보고 있을까. 탁 트인 하늘이 보이는 활터는 그리운 마음도 일깨운다.

숨바꼭질, 딱지치기, 팽이치기, 연날리기…. 어린 시절의 놀이는 밝고 순수한 마음으로 가득했다. 활쏘기는 순수함을 되찾는 시간여행이다. 나를 들여다보고 어린 날의 해맑은 웃음을 떠올리며 자신을 찾아가는 여정이다.

활을 쏘기 위해 사대에 서면 늘 긴장된다. 과녁을 조준하지만, 화살은 언제나 같은 곳으로만 가지는 않는다. 어떤 명궁도 시위를 당길 때마다 관중(貫中)할 수는 없을 것이다. 활은 일순간의 흐트러짐도 용납하지 않는다. 그래서 활쏘기는 내 몸과 마음이 얼마나 정직한지, 얼마나 유연한지를 끊임없이 묻는다.

그리고 목표에 닿았을 때 얻는 성취감은 내 안의 자신감을 단단히 세워준다. 탁 트인 공간에서 활을 쏘는 일은 단순한 운동을 넘어서, 몸과 마음을 바로 세우고 삶의 균형을 되찾게 하는 소중한 시간이다.

은행나무

비 오는 가을날. 은행잎이 노랗게 물든 가로수 길을 따라 걷는 투명한 우산 속에 맞닿은 두 어깨가 다정스럽게 보인다. 노란 단풍이 부드럽고 따스한 마음을 갖게 한다. 봄날에는 아지랑이 사이로 연초록 새끼 제비부리같이 마음을 설레게 하던 잎을 피웠다. 여름에 입김 같은 바람에도 수줍게 흔들리며 부채꼴 잎 사이사이로 강렬한 햇빛을 내려보내 그늘에서 윤슬 같은 하늘을 감상하게 하였다. 가을에는 파란 하늘을 노랗게 적셔주고, 겨울이면 모든 잎을 떨궈 알몸이 되는 은행나무는 계절

을 알려주는 철이 든 나무다.

　은행나무는 잎을 하루이틀에 모두 떨궈 도로를 온통 노란색으로 덮어버린다. 깔끔한 성정은 굽힘 없는 성깔을 드러내는 듯하다. 하늘을 향해 거침없이 자라는 곧은줄기와 강하게 뻗쳐올라 가는 가지는 강직한 성품을 지닌 절개가 굳고, 강한 자존감을 가진 선비 같기도 하고, 한편으로는 아버지같이 강건하고, 박력 있고 추진력 있는 씩씩한 나무로 자신감과 자존감을 끌어올려 줄 것 같은 나무이기도 하다.

　가로수는 씩씩한 장병들의 열병 모습처럼 보이고, 위풍당당 홀로 자란 나무는 무예를 갖추고 포용력 있는 훌륭한 장수를 닮았다. 공해와 병충해에 강한 것은 온갖 역경에도 끄떡없는 돌쇠 같고, 끈질긴 생명력은 오뚜기와 같다. 열매는 인간의 보양 재료로 영양밥, 삼계탕, 전골에 쓰이고, 목재는 생장이 빠르고 재질이 연하며, 복원력이 좋아 바둑판을 만들어 사람들이 항상 곁에 두고 지냈다. 무늬 또한 아름다워 가구재로도 사용했다.

　은행나무는 고생대 페름기부터 있었다는 살아 있는 화석으로 불리며 25억 5천만 년을 살아남은 1문 1종이다. 바늘잎나무로는 유일하게 잎이 넓은 특이한 나무다.

나란 잎맥이며 겉씨식물이고 가도관을 가지고 있다. 오랜 세월을 살아남기 위해 변신과 적응력을 키워온 결과다. 그 노력은 종족 보존을 위한 특별한 보호책이다. 썩은 은행잎을 본 적이 있는가? 줄기를 파고드는 벌레가 있는가? 병든 나무를 본 적이 있는가? 천상천하 유아독존같이 살아간다. 암수가 딴 그루이며 꽃가루에는 살아 움직이는 정충이 있다. 오류를 알아 암수를 분명히 하며, 수분은 특별하게도 정자로 한다《한국동식물도감》 참고, 1974).

가을이면 통통하게 굵어진 노란색의 열매 송아리가 다닥다닥 맺힌다. 칠금령같이 촤르륵 울릴 것 같기도 하고, 밑에 서면 와르르 쏟아져 내릴 것 같은 동그란 열매가 비밀을 꺼내놓을 것 같다. 풍요로운 가을 잔치에 한 몫을 거든다.

조경을 위해 아파트에 심었던 은행나무가 25년이 지났다. 나무가 커서 주변과의 조화를 위해 덩치가 큰 나무들을 잘라내려고 한다. 하얀색의 비닐로 자를 나무를 선별하여 밑동을 묶어놓았다. 마치 큰 잘못을 저지르고 선고를 기다리고 있는 것 같아 지나칠 때마다 안타까움에 가슴이 먹먹하고 마음이 짠하게 저려온다. 좋은 자리에서 자란 경기도 용문사, 영동의 영국사, 괴산의 청안 초등학교의 은행나무는 천 년을 넘기고도 칭송받고 후한 대접을 받으며 살고 있는데 고작 서른 살을 못 넘기고 어린 나이에 사라져야 한다니 애처롭기 그지없다.

아파트 정원을 아름답게 꾸며주고 여름에는 그늘을 제공하고, 가을에는 단풍으로 주민들의 정서에 도움을 주었고, 비바람 눈보라를 막아주던 나무가 몸집이 커져서 잘려야 한다니 하늘에 구멍이 뚫린 것 같은 허허로움에, 오랫동안 빈자리가 허전함으로 남을 것 같다. 자신의 의지와는 상관없이 인간의 필요로 이리저리 옮겨 살다가 인간의 결정으로 사라진다. 원망도 불평도 슬픔도 드러내지 않고 담담한 모습을 견지하고 있다. 나무는 무슨 생각을 하고 있을까?

은행나무는 소나무 같은 기풍도 벚꽃 같은 화사함도 목련 같은 향기도 없다. 사과나 배, 복숭아 같은 풍성한 과일을 갖고 있지도 않으면서, 사람이 가까이 다가가면 악취로 밀어내고, 성가시게 하면 알레르기 물질로 공격한다. 언제나 적정한 거리만을 허락하는 불가근불가원(不可近不可遠)의 원칙을 고수한다.

늘 곁에 있지만 최고로 여기지 않고 옆에 두고도 늘

무심했지만, 묵묵하게 가까이서 필요한 것을 내어주는 고마운 존재이다. 한국인이 가장 좋아하는 나무에서도 5위를 지킨다. 항상 적절한 거리를 유지하고 있다.

아름다운 나무는 신만이 기른다는 조이스 킬머의 시처럼 잘 갖추어진 은행나무는 바람이 세차도 소리 내지 않고, 눈이 쌓여도 표시 내지 않는다. 변함이나 흔들림이 없는 평상심을 유지한다. 언제 어디서나 생기 있고 공해 속에서도 도심의 불빛 속에서도 제 모습을 갖추고 산다.

은행나무처럼 변함없이 든든하게 곁에서 함께해 주는 사람들이 많아졌으면 좋겠다. 기상을 가지고 원칙을 지키며 화합과 평온이 일상인 세상이 되었으면 좋겠다. 흔들림 없는 모습과 적절한 거리두기와 평안함을 유지하는 삶이 부럽다.

언제나 의연하게 평상심으로 변화에 적응하는 은행나무를 닮고 싶다.

나의 즐거움

동쪽 하늘이 환하게 밝아온다. 서재에서 보는 아침 해는 의욕을 갖게 한다. 퇴직 후에 하루 계획은 이때 결정된다. 나에게 즐거움을 주는 일들은 많이 있지만 대부분은 아래의 다섯 가지 중에서 선택이 된다.

첫째는 바둑이다. 사방 19줄에 361집에서 벌어지는 집짓기는 수십 년을 해도 재미가 있어 자꾸만 하게 된다. 고교 때 배우기 시작하여 시원스레 이겨본 적도 별로 없고, 대회에 나가 공식적인 인정을 받아보지 않았다. 평상심을 유지해야 승률이 좋은데 마음이 심란하고

머리가 복잡할 때 찾게 되어 조급해지고 어이없는 실수를 할 경우가 많다. 바둑은 집중력과 관계가 있다. 대국 중에 전화 통화나 누군가 말을 걸어오면 대부분 패배로 결정된다. 팽팽하게 당겨졌던 활시위가 갑자기 풀어지는 느낌 같다.

  사십 대에는 바둑판을 만들었다. 대패질로 판을 골랐다. 황토를 가라앉혀 그 앙금으로 위에 바른 다음, 치수대로 줄을 그려 니스칠로 마무리했다. 몇 번의 대국으로 한쪽에서 머물다가, 지금은 아내의 성화로 본가로 쫓겨가 귀양 중에 있다. 다리를 빼놓고 옷을 입은 채 모로 세워진 모습을 볼 때마다 애처로운 마음이 든다. 바둑판에는 미안한데 인터넷에 접속하면 언제든 맞수들과 대국을 할 수 있어 그 마음을 접어두고 바둑을 두는 시간을 즐기고 있다.

  둘째는 독서다. 본격적인 시작은 세월호에서 동생을 잃은 후 시작됐다. 심적 허전함으로 괴로워할 때 책을 보며 달랬다. 독서는 지식을 얻고 정신 집중이 쉬워서 마음의 안정에 많은 도움이 되었다. 무작정 닥치는 대로 도서관을 들락거리며 읽다가 글쓰기에 관심을 가지게 되었다. 읽는 습관을 익혀 책을 많이 구매하게 되었다.

중고 서점도 자주 이용하는 것은 부담을 느끼지 않고 책을 살 수 있는 자유로움이 있으니 편안하고 행복하다. 책이 쌓여 보관의 문제로 본가로 이동되고 있지만 그럴 공간이라도 있으니 이 또한 여유라고 생각하며 즐긴다.

  셋째, 글쓰기는 정신적인 힐링이다. 내 생활을 돌아보고 정리하고 자녀들에게 전하고 싶은 이야기를 써보고 싶다. 늦깎이로 시작한 글에 문학을 언급하고 명작을 쓴다는 것은 언감생심이지만 자신의 만족을 위해 마음속의 말을 하고 진심을 적어볼 날을 기대한다. 부끄럽고 가릴 것이 많아 아직 정직한 글쓰기는 어렵지만 그래도 즐겁게 쓰기 위해 노력한다.

  '삶의 이유와 의미, 마음이 담긴 길을 갈 때 유혹에 흔들림이 없는 확신으로 정진할 수 있다.'고 한다. 조정래 소설가는 "엉덩이로 글을 쓴다."며 친구, 모임, 술도 끊고 매일 목표한 분량을 써나간다고 한다. 무라카미 하루키는 "컨디션과 상관없이 매일 원고지 20장 분량을 쓴다."고 한다. 나는 오랫동안 앉아 있기를 힘들어하고 매일 쓰지도 못하니 역시 글쓰기에는 흙수저가 맞는 것 같다. 능력이 뛰어나진 않지만 즐거움이 있으니 계속 잡고 늘어지고 싶다.

넷째는 활쏘기다. 오랫동안 배드민턴을 쳤는데 이제는 젊은이들과 같이 어울리기가 만만하지 않다. 정형외과 의사는 그만하기를 권한다. 나이 들어 할 수 있는 운동, 혼자 할 수 있고, 신체적으로 똑바로 설 수 있는 운동을 찾았다. 정신적으로 스트레스를 해소하고, 하늘을 보며 걷기도 한다. '관중'했을 때 희열을 느낀다. 잘될 때는 가끔 나름의 성취감이 있다. 여유로운 마음은 정신적인 안정감을 주어 건강에 도움이 된다.

나는 활을 잘 쏘는 수준은 아니다. 운동신경도 출중하지 못하고 드문드문 가다 보니 과녁에 적중하기가 쉽지 않다. 다른 분들이 승단하면 부러워한다. 자주 가게 되다면 적중률 높은 사수가 되겠지 하는 마음만은 간직하고 있다. 활쏘기는 내가 새롭게 배우는 사랑하는 운동이다.

다섯째는 텃밭 가꾸기로 십 년째 하고 있다. 텃밭은 동반자요, 인생행로를 함께한다는 기분이다. 희망과 설렘, 수확의 기쁨을 주고 계절의 변화를 실감하게 한다. 생명의 고귀함과 흙의 넉넉함을 배울 수 있다. 땀의 의미와 근면함은 덤이다. 다른 사람들을 돕고 협동하고 나눔을 하기도 한다. 안전한 먹거리를 내 손으로 생산하는 뿌듯함이 있어서 행복하다.

윤선도는 수, 석, 송, 죽, 월(水, 石, 松, 竹, 月)의 다섯 친구를 노래했다. 나에게도 즐거움을 주는 다섯 가지가 있으니 나름대로 만족스러운 삶이다. 시샘과 경쟁심을 내려놓으니 즐거움이 있다. 부자는 아니나 궁색하지 않고, 뛰어나게 잘은 못해도, 하고 싶은 일들을 하며 지낸다. 마음이 흡족하고 편안하니 삶이 고마움으로 다가온다.

너무 최고만을 바라보며 힘들게 살아왔다. 내면의 욕구 해소를 위한 일을 찾고, 남에게 보이기 위한 삶은 그만해야지. 여유는 스스로 만들어서 누리는 것이니, 향기 나는 커피잔 옆에서 궁리를 해봐야겠다.

정이품송의 비애

햇빛 좋은 가을날 속리산을 간다. 구불구불 산세 따라 만들어진 고갯길은 오랜 친구처럼 다정스럽게 다가와 마음의 평온을 준다. 주변의 나무들은 저마다 분단장으로 형형색색의 개성을 나타내며 아름다움을 자랑하고 있다. 자연의 변화에 새삼스럽게 민감해진다. 사람의 손길이 전혀 닿지 않은 자연은 얼마나 순수하고 안정감이 있는가. 자연의 섭리를 생각하며 고개를 내려오니 홀로 선 정이품송이 솔잎을 가느다랗게 흔들며 해맑은 모습으로 어서 오라는 듯 반겨준다.

정이품송의 수형은 지덕체를 겸비한 대장군과 같다. 굵고 튼튼한 줄기는 힘줄 돋은 씨름꾼의 허벅진 다리 같다. 가지는 사방으로 퍼져 기백이 넘치고 질서 정연하여 균형과 조화를 이루고 있다. 햇살에 찰랑거리는 잎은 가까이 다가와 귓속말을 전해줄 것같이 부드럽고 생기가 넘쳐 금방 친구로 어울리게 된다.

옛날부터 소나무는 우리나라 사람들이 가장 좋아하는 나무이다. 애국가에도 나오고 윤채영 작사의 〈선구자〉라는 가곡에서도 소나무를 노래하고, 〈오우가〉의 한 친구도 솔이니 우리 조상들이 솔을 얼마나 좋아하고 사랑했는지 짐작할 수 있다.

송편을 만들 때 솔잎을 덮는다. 부드러운 솔잎의 향기는 만들 수도 없고 따라 할 수도 흉내를 낼 수도 없다. 세상 어떤 향수나 허브가 솔향을 대신할 수가 있겠는가. 나는 솔향이 스민 송편을 한입 먹었을 때의 상큼하고 깔끔한 향기를 잊지 못한다. 두고두고 떠올리며 최고의 향으로 기억하고 있다.

아기가 태어나면 솔가지로 금줄을 만들어 무병장수를 기원하기도 하였다. 솔잎의 향기와 잎끝의 뾰족함이 부정의 근원을 차단해 주리라는 선조들의 지혜가 서린 듯하다. 후손의 태어남과 건강을 기원하며 만들었을 금줄은 신성함을 가진 것이 아닐까.

　소나무의 식물학적 분류는 바늘잎 늘푸른 큰키나무(針葉常綠喬木)로 높이는 35미터, 지름은 1.8미터까지 자라며 추운 지방과 척박한 땅, 높은 산에서도 잘 생육하는 나무로 재질이 좋고 향기가 있다. 줄기가 붉은색이어서 적송이라고도 하며 나무의 으뜸이라 하여 솔이라고 불렸다. 껍질은 송기떡, 송진은 고약의 재료, 송홧가루는 다식을 만들고 솔잎은 강장제로 사용됐다(《한국동식물도감》 참고, 1974).

　수꽃은 송홧가루로 너무도 방창(旁魃)하여 봄이면 온 세상을 뒤덮는다. 끝도 없는 먼 곳까지 날리는 꽃가루는 얼마나 절실하고 깊은 사랑을 전하고 싶은지. 소나무의 생명력은 어디가 끝인지 가늠이 되지 않는다. 끈질긴 생명력은 우리 민족정신과 닮아서인지 사람들은 소나무를 가장 좋아하는 나무로 이어오고 있다.

　정이품송은 1400년대에 태어나 조선의 건국과 임진왜란, 병자호란을 견디고 조선의 패망과 경술국치도 목도하였으며, 치열한 독립운동과 해방, 그리고 6.25를 지나온 역사적인 나무이며, 1960년대에 천연기념물로 지정되어 오늘날까지 사람들의 관심을 끌고 있다.

사람들은 높은 벼슬을 얻었으니 성공한 나무, 행복한 나무라고 생각할 수도 있을 것이다. 그로 인한 나무의 애환은 생각하기 쉽지 않다. 내가 정이품송을 처음 본 것은 초등학교 수학여행이었다.

늠름한 기상을 보이는 정이품송은 생육이 매우 좋은 상태였다. 인공적인 보살핌이 전혀 없는 최상의 자연에서 행복하게 노래하는 듯했다. 신작로는 산 아래 연못 쪽에 있었고 정이품송 앞자리는 보리밭이었다. 옆으로는 부드러운 곡선을 그리며 흐르는 냇물과 주변에는 이름 모를 들꽃들이 솔향과 어우러져 꽃내음을 풍겼다. 새들은 나무 위에서 수다를 떨며 즐거운 한때를 보내는 풍경이 그림같이 생생하게 남아 있다.

속리산은 1970년에 국립공원으로 지정되었고 관광객들의 편의를 위해 정이품송 주변에 흙을 덮어 접근이 쉽게 만들었다. 나무의 생리를 무시하고 뿌리가 숨을 쉬기 힘들게 했다. 뿌리가 불편한 나무는 쇠약해졌다. 해충의 피해와 가지가 부러지는 큰 아픔은 후유증의 하나였다. 지금은 앞의 밭도 흙을 채우고 냇가도 서쪽 산 가까이 밀어내 넓은 자리를 확보하고 있다. 정이품송 주변에는 친구가 없다. 사람들의 구미를 맞추기 위해 홀로 서 있으니 외롭기 그지없는 모습이다.

소나무를 보호한다며 가까이 접근할 수 없게 둘레를 쳤다. 솔과 사람의 어울림도 막은 것이다. 외롭고 고독한 정이품송! 사람들이 자신들만의 생각으로 주변의 친구들과 웃고 즐기며 보낼 세월을 누구와도 교감하지 못하게 빼앗고 있다. 정이품송을 자연 그대로 두었다면 주변의 들꽃 내음과 시냇물 소리, 산새들의 노래와 나무들의 환한 웃음이 함께하여 더 행복하지 않았을까?

자연을 사람들이 마음대로 변화시켜 더 좋지 않은 환경으로 탈바꿈하여 보호는커녕 오히려 힘들고 병들게 하는 것은 아닌지.

벼슬과 명성을 버렸으면 자유롭게 살았을 가장 멋진 소나무가 사람들에게 잘 보이기 위해 뿌리에 흙을 덮어쓰고 가지를 잘라내는 아픔을 겪고 주변의 친구들을 잃었다. 오랜 세월 비바람과 눈보라를 홀로 맞으며 꿋꿋하게 자리를 지키고 있는 것은, 자연의 섭리를 깨우치고 행복의 의미를 되새겨 보라는 가르침을 주려는 노송의 바람은 아닐는지.

2부

원두막

　버스가 온다. 앞머리는 빠르게 다가오고 뒤에는 뿌연 먼지 꼬리를 달고 있다. 버스가 멈추자 먼지가 나비물 뿌리듯 온몸을 감싼다. 창가에 앉았다. 먼 산자락에 로켓 모양의 원두막이 꿈을 싣고 날아갈 것 같았다. 어린 시절 외가에 갈 때다.
　강가에 내려보니 강둑엔 커다란 바위들이 옹기종기 흩어져 있다. 엄마는 강 건너 첫 번째 집이 외가라고 알려 준다. 엄마는 동생을 업고, 짐 보퉁이를 들고, 바위 위에 걸터앉았다. 사공을 불러야 할 텐데, 말없이 강을 바라보

고만 있다. 한참 후, 상체가 거의 드러나는 허름한 윗옷에 핫바지를 입은 사내가 나타났다. 검게 그을린 팔뚝을 가진 그는 커다란 노를 좌우로 저으며 배를 몰고 다가온다. 어떤 신호나 말도 없었는데 사공이 할 일과 어머니의 갈 길은 서로 소통되고 있었다.

외할머니는 나를 유난히 예뻐했다. 어린 아기 대하듯 온화하고 다정하게 챙겼다. 엄마는 막내딸로 어릴 때 옻이 올라 가렵다고 찬 곳에 자다가 후유증을 앓은 딸이었다. 그 딸이 시집가서 첫 번째에 아들을 낳아 한시름을 놓았다는 할머니는 엄마 품보다도 더 넓게 나를 안아주셨다.

오후에 할머니가 계시는 참외밭 원두막에 갔다. 해는 서산 위에서 남은 열기를 발산하며 기울고 있었다. 벌레들이 풍장을 치며 신이 나서 날아오른다. 지나가는 나에게도 입과 코, 눈까지 달려들며 성가신 인사를 한다. 여름이면 자주 겪는 자연 인사법이다.

노을을 배경으로 산뜻하게 드러난 원두막은 들판에 덩그러니 꽤 높아 보였다. 네모난 공간, 바람이 여과 없이 드나든다. 삿갓 모양의 지붕을 기다란 나무 기둥이 떠받치고 있다. 중간쯤에는 작은 받침대가 있고, 오르내릴 수 있게 한쪽에 사다리를 덧붙여 놓았다. 여름철 야외 필수품인 모기장도 한 귀퉁이에 접혀 자리를 차지하고 있다. 차창 너머로 스쳐 지나갔던 원두막과 비슷해 뛸 듯이 기뻤다.

  자연과 함께 숨 쉬는 겸손한 구조물이다. 인간의 삶과 계절의 흐름을 이어주는 작은 연결공간이다. 잠시 쉬어 갈 수 있는 장소다. 소통, 여가, 아늑함을 떠올리게 한다.

  참외를 먹으며 매미 소리를 들었다. 그 소리는 자연이 부르는 자장가 같았고, 가끔 불어오는 바람은 할머니의 손길처럼 부드러웠다. 먹고 싶은 수박과 참외는 큰 밭에 널려 있었고, 마음껏 감상할 수 있는 자연공간은 엄마의 잔소리와 간섭에서 벗어나 있었다. 동생들을 보살필 필요가 없는 안식처였다.

  갈 곳도 마땅치 않고, 좋아하는 이도 가까이 없고, 여유롭게 지낼 공간도 딱히 없었다. 갇히고 답답하고 트인 곳이 없다고 생각했던 시절에, 숨 쉴 여유와 틈새를 제공했다. 그곳은 사방이 시원하게 열린 자유공간이었다. 해가 기울면 붉은 노을과 초록색 참외밭이 대조되어 원두막을 더 아름다운 풍경으로 만들었다. 많은 시간을 보낸 것은 아니지만 외할머니의 원두막이 아직도 기억 속에 머무는 것은 할머니의 사랑일까, 멋진 오후의 풍경 때문일까, 숨통 트인 자유공간 때문이었을까.

노란 참외의 단맛과 속이 빨간 수박이 한여름의 더위를 식혀주었다. 원두막에서 보내는 여름은 참 즐거웠다. 이글거리는 더위 속에서 쑥쑥 크는 벼를 보며, 풍성한 가을을 기다리는 마음이 원두막에서도 자라난다.

대화가 그립고 사람을 기다리는 할머니의 원두막은 벽도 없고 남녀 구분도 없고, 애, 어른도 상관없고, 가난한 자, 부자도 나누지 않는다. 잘난 사람, 못난 사람의 차별도 없다. 할머니의 원두막은 누구나 올 수 있는 주민들의 쉼터였다. 만남의 장소요, 소통의 공간이 되기도 했다. 아낙들의 넋두리를 풀던 빨래터, 남자들의 꿈과 무용담이 오가던 사랑방과는 다른 청춘남녀가 밀어를 속삭이는 비밀스러운 장소가 되기도 했다.

짧은 만남, 하찮은 인연도 쉽게 잊지 못하는 기억으로 간직될 수도 있다. 삶은 뒤를 돌아보게 되고, 앞은 보이지도 않고 볼 수도 없다. 정겨운 원두막을 들렀던 사람들은 그 정을 잊지 못해 스쳐 간 인연을 되새기며 수시로 꺼내 볼 것이다. 사람들이 돌아간 자리는 허전하지만 그들의 향기는 오래 남아 있다. 사람의 정도 그리운 마음도 보이지 않게 흐르나 보다.

  가을이 가까워야 원두막은 기능을 접는다. 새벽의 원두막은 여름 속의 가을 같았다. 여름은 미련을 보이며 뭉그적거리지만 결국은 가을바람에 밀려나고 만다. 그렇게 오는 가을같이 공공의 이익을 위한 공사가 시작되었다. 이제는 대청댐에 수몰되어 마을이 가라앉았다. 나룻배도 사라지고 사공도 떠났다. 그래도 원두막은 아직도 선명한 노을같이 마음속에 그림으로 남아 있다. 시간이 지나 잊힐 듯하다가도, 순간순간 어떤 매개체가 나타나면 즐거운 추억으로 되살아난다.

  지금까지 잊고 지낸 시간의 단절은 아쉬움과 추억으로 되새겨지지만, 물속에 잠겨가는 시간의 단절은 왜 마음을 안타깝고 슬프게 하는 것일까. 자연의 품에 안긴 듯한 원두막이 아련한 추억으로 눈앞에 아른거린다.

하늘 바라기

　청량한 하늘이 마음을 들뜨게 한다. 하늘은 상상력을 부추겨 꿈을 갖게 한다. 시시각각 변화하며 느낌이 달라 자꾸만 보게 한다.

　봄에는 꽃을 본다. 목련과 벚꽃을 보려 하면 하늘이 먼저 보인다. 봄의 하늘은 부드러움과 따스함이 묻어난다. 아름다운 꽃들의 향연과 좋은 향기로 몸이 두둥실 떠오르는 느낌이다.

　여름에는 해바라기와 태양을 자주 본다. 이때의 하늘은 뜨거움과 강렬함이 느껴진다. 구름의 변화가 많고 활

력이 있는 것 같다. 장마철 먹구름은 강력한 힘이 있고, 무더울 때 순간적으로 수증기를 끌어올린 솜사탕 같은 하얀 뭉게구름은 에너지가 충만해 보인다.

가을에는 고추잠자리와 과일들이 하늘을 보게 한다. 가을하늘은 투명한 푸른색인데 결실의 풍요로 넉넉하고 푸근해 보인다. 툇마루에 걸터앉아 춤을 추는 깨끗한 빨래와 높은 하늘을 보면서 날아오를 수도 있겠다고 생각했었다.

겨울에는 연날리기 때의 밝음이 좋고 높이 오르기를 갈망하는 마음이 생겨난다. 눈이 내릴 때는 깨끗함과 조용하면서 포근함도 있다. 추운 날 햇살이 퍼지면 아래채 처마에 투명하게 늘어진 고드름이 수정처럼 맑았다. 진한 하늘색과 어울려 조화로웠다. 어느 계절이든 하늘은 마음을 보듬어 준다.

짠한 기억도 있다. 눈 쌓인 추운 날에 '쨍그랑' 소리 내며 깨질 것 같은 높은 하늘이었다. 날갯짓이 힘들어 보이는 새가 있었다. 그 새를 쫓고 쫓아서 머리를 구석진 곳에 숨긴 녀석을 잡았다. 의기양양하게 새를 잡고 나니 친구가 헐레벌떡 달려왔다. 몹시 아쉬워하는 눈빛이었으나 성취감에 들뜬 나는 알아채지 못했다.

다음 날 우연히 친구가 쫓던 새를 내가 잡은 것이란 소리를 들었다. 얼마나 미안하고 얼굴이 달아오르는지 얼마간 친구를 피해 다녔다. 그 친구가 몇 년 전부터 가족, 지인들과 연락을 끊었다. 전화해도 받지 않는다. 새삼 그 일도 한몫을 한 것이 아닌지 죄책감이 든다. 늦었지만 이제라도 사과해야겠다. '친구야 정말 미안했어. 나도 모르고 그랬으니 용서하고 만나서 옛이야기 나누어 보자.' 겨울에 높은 하늘을 만나면 그 생각이 떠올라 마음이 편치 않았다.

　어린 시절 부모님의 다툼으로 집에도 들어가지 못하고 옆집 처마 밑에서 싸움이 끝나기를 기다리며 비 오는 하늘을 보고 있었다. 하늘은 내 마음 같은 회색빛의 슬픔을 담은 것 같이 보였다. 처마에서 떨어지는 빗물을 손바닥으로 받으며 물의 시원함을 느끼고, 튀기는 미세한 물방울에 얼굴의 열기를 가라앉혔다. 손가락 사이로 빠져나가는 물방울은 막을 방법이 없었고, 물은 낮은 곳으로 자꾸 흘러갔다. 그 물은 낮은 곳에서 만나 힘을 키우고 많은 일을 한다. 물의 역할은 생물을 살리는 것이지만 순리를 저버리면 모두 쓸어가 버리는 감정을 표출하기도 한다. 비 내리는 하늘은 무심한 듯하지만 어쩌면 모든 인간사를 꿰뚫고 있을지도 모른다는 생각이 들곤 한다.

집집마다 밥 짓는 연기 피워 올리는 해거름이면 여기저기서 아이들 찾는 소리가 들려오고 골목에서 떠들던 아이들이 하나, 둘 흩어진다. 저녁놀 벌겋게 하루의 마감을 장식하려 하면 뒷동산 밭에 작물들은 동그란 이슬을 구슬처럼 달고 있었다. 노을과 이슬이 다르면서도 닮아 있어서 우주의 법칙을 알려주는 시간 같았다.

밤하늘은 운치가 있고 변화가 있다. 꿈이 떠 있는 공간이며 별바다는 소원을 담아준다. 달은 등불이 되어 길을 밝힌다. 시간의 흐름도 알려준다. 그 길에는 기쁨과 슬픔도 함께한다. 가끔 별을 따라가는 밤마실에 부엉이도 만나고 이슥해져 돌아올 때도 있었다.

신혼에 술에 취한 채 밤늦은 귀가로 염치가 없어서 담장을 넘어 들어가기도 했다. 겨울밤의 별빛은 아득했고 공기는 달빛같이 서늘했다. 담장에 걸터앉아 정신을 가다듬었다. 초롱초롱한 별들이 내려다보고 있었다. 별빛은 정신이 맑아지고 무서움도 잊게 하는 마법을 가진 것 같았다.

왜 시인은 "하늘을 우러러 한 점 부끄럼 없기를"이라

고 했을까. 죽으면 왜 하늘나라로 간다고 했을까. 하늘은 인간사를 모두 알고 있는 것일까. 인간의 고향이 하늘인가.

　어릴 때 하늘 같은 아버지, 어머니, 선생님이 있었다. 이제는 그들이 떠나갔다. 나도 그런 사람이 되어 있었어야 했는데 아직도 미성숙하니 언감생심이다. 오만하게 제멋대로 판단하고 결정을 내리며 살아왔다. 주변인들의 도움인 줄도 모르고 잘된 것을 내가 이룬 줄 알고, 나의 허물을 보려 하지 않았다. 내가 누린 것은 가까운 분들의 뒷받침으로 이루어진 것임을 이제야 깨닫는다. 있는 듯 없는 듯 부추기고 챙겨줬다. 그렇게 생겨난 결실임을 알아차린 건 늦었지만 다행이다. 고마움과 소중함을 알아가고 있다.

　땅이 있어야 하늘도 보고 생명의 움직임과 흐름을 읽어가는 것이겠지. 땅을 기름지게 해야 하늘도 별을 떨구며 세상을 조화롭게 이루어 갈 텐데. 부끄럽고 가릴 것이 많은 나는 주변을 살피지 못했던 일을 핑계 삼아 쉬엄쉬엄 가는 길을 찾는다. 하늘을 자주 보는 것이 하나의 방법이 아닐까 한다. 하늘을 보며 마음을 가다듬어 볼 일이다.

시골집에 가면 하늘을 많이 본다. 마음이 편안해진다. 밤하늘엔 별도 참 많다.

'물의 육덕' 실현의 조정자
- 속리산의 저수지

 폭염경보가 계속이다. 올해는 무더위가 유난히 심한 느낌이 든다. 어머니와 함께 속리산으로 피서를 간다. 하늘은 부드러운 양털 구름으로 그림을 그리고 태양은 쳐다보지 못할 눈부심과 강한 열기를 내리쬐고 있다.

 높은 하늘을 담은 저수지가 시원해 보여 잠시 발길이 머문다. 목마른 대지를 적시는 젖줄로 식물에 물을 공급하여 먹거리를 생산하고, 인간의 삶에 커다란 영향력을 행사한다. 봄이면 물이 농부들의 간절한 바람이 된다. 허실 없이 가두기 위해 논둑을 놀이터 미끄럼틀처럼 매끈하게 싸 바르는 정성은 저수지의 고마움 일깨운다.

노자는 '물의 육덕'을 어떤 그릇에도 담기는 융통성, 낮은 곳으로 흐르는 겸손, 막히면 돌아가는 지혜, 바위도 뚫는 인내와 끈기, 구정물도 받는 포용력, 바다를 이루는 대의라고 했는데 이를 모두 실현하게 하는 조정자 역할을 저수지가 한다.

흐르고 변하면서 많이 모이면 언제나 평온한 거울 같은 모습으로 자연경관과 하늘을 비춰준다. 감정의 변화는 드러내지 않는다. 조용히 어루만지며 화를 달래며 하나가 되도록 만든다. 속리산을 어진 산으로 만드는 일조를 산자락의 저수지가 담당하고 있다. 속리산 남쪽에는 삼가저수지, 세조길 옆 상수도 수원지, 장재저수지가 있다.

장재저수지는 산벚꽃이 만개한 5월이면 환하게 밝아지며 사과꽃, 배꽃과 어우러져 축제를 시작한다. 아침 이슬을 머금은 풀잎이 햇살을 받아 영롱하게 빛나고, 포근하게 내리는 봄비에 자욱한 안개가 피어오를 때의 풍경은 신비스럽다.

산 굴곡을 따라 부드럽게 이어진 도로가 저수지를 가로지르고, 둘레길을 들어가는 이정표를 따라가면 하늘이 보이지 않는 숲길이다. 둑길은 같은 높이로 잘 다듬

장재저수지

어져 잡초와 잔디가 함께 자라는 평탄한 길이지만 산과 마주한 남쪽 숲은 사람의 발길을 허락하지 않는다.

 구불구불 열두 굽이 말티재를 넘어 정이품송과 눈인사를 하고, 오리 숲을 지나 세조길을 가다 보면 넓은 수원지를 만난다. 둑의 가장자리를 물결처럼 노랗게 차지한 송홧가루가 나를 반긴다. 언제나 웃어주던 할머니의 인자한 주름진 얼굴을 연상시켜 편안한 마음이다. 투명한 수면은 주변 풍경을 입체감 있게 보여주며 눈을 호강시킨다. 물가에는 작은 물고기들이 떼를 지어 유영하고, 청거북이 떠다니는 나뭇가지에 올라앉아 일광욕을 즐기는 모습이 한가롭기 그지없다.

 도심의 미세먼지에 찌들다 높은 하늘에 잠자리 떼가

나타나고, 새하얀 뭉게구름이 올라오며, 푸른 산들이 병풍처럼 둘러쳐진 삼가저수지의 풍경을 볼 때면 감탄이 절로 난다. 해거름 제멋대로 날뛰는 깔따구의 비행으로 눈과 코와 입으로 날아드는 녀석들이 성가시게 굴지만, 비껴진 햇살에 은빛 비늘을 반짝이며 깔따구를 잡겠다고 뛰어오르는 피라미의 도약은 또 하나의 볼거리를 선사한다.

가을 단풍 경치를 담은 모습은 황홀하다. 푸른 하늘과 진초록의 숲을 비추던 여름과는 전혀 다른 감흥으로 다가온다. 물 위에 자유로이 떠다니는 오색의 나뭇잎은 텅 빈 가슴에도 충만함을 느끼게 해준다.

눈이 올 듯 하늘이 어둡게 내려앉은 날, 인적없는 저수지는 시원하게 뻥 뚫린 공간으로 눈이 탁 트인다. 얼음으로 덮인 수면은 풍경도 가려버린다. 욕심을 내려놓은 듯한 나무들의 맨몸만이 만세를 부른다. 그 모습도 기억하고 싶은 겨울의 멋진 장면이다.

물은 생명의 근원으로 수많은 생명체를 낳고 키우고 보호하며 함께 살아간다. 모양에 따라 자유자재로 변하고, 온도의 오르내림에 따라 아래위로 자리바꿈을 하고, 언제나 낮은 곳으로 흐른다. 물은 움직이지 못한다. 경사에 따라 낮은 곳으로 채워갈 뿐이다. 물은 소리를 내지 않는다. 다른 물체와 부딪거나 스치는 소리일 뿐이다. 물은 형태를 바꾸기도 한다. 수증기로 하늘을 날아 구름도 되고, 얼음을 만들어 시원하게도 하고 강을 건너게도 한다. 비도 되고 눈도 된다.

그러나 순리를 거스르면 결단코 그냥 지나치는 일이 없다. 물의 성냄은 산천과 제방을 무너뜨리고, 할퀴고 쓸어버리는 난폭함을 보이기도 한다. 매년 수해와 이재민이 발생하는 것은 자연의 섭리를 어긴 인간의 과욕을 경고하고 있는 것 같다. 정치생명 연장을 위한 줄서기와 이전투구나 일삼는 자들이 '치산치수는 국가경영의 기본 덕목'이라는 말조차 알지 못하는 것 같아 참으로 답답하다.

삼 일간 집중호우가 내린 뒤 방송에서는 전국 곳곳에 수해 소식을 전하기에 여념이 없다. 7월 26일 앵커의 다급한 목소리가 들린다. "충북 보은군에 있는 속리산 국립공원의 저수지에서 커다란 굉음과 함께 기포가 솟아오르는 장면이 목격됐습니다. 산사태 전조 증상이라는 우려가 나오면서 탐방로가 전면 통제됐습니다." 걱정했지만 방송과 달리 흔적 없이 지나가 다행스러웠다.

삼가저수지

근래에 많은 저수지가 출렁다리로 인해 반으로 잘리고 조잡한 조형물로 몸살을 앓는다. 밤이면 유흥가에 돌아가는 사이키 조명처럼 빛깔을 바꿔가며 비추는 불빛으로 물속의 생물들도 빙글빙글 따라 돌다 어지러워할 지경이다.

속리산의 저수지는 조용히 본연의 역할을 하며 자연 그대로의 모습을 유지하고 있다. 경관을 해치는 인공구조물이 없어 편안한 마음을 갖고 멍하니 바라보게 된다. 잔잔한 물 위에 비친 산그림자는 산새들의 울음소리도 흉내 낼 것 같다. 참 바쁘게 다양한 역할을 하면서 많은 것을 보여준다.

내일은 코흘리개 시절 봇도랑에서 가재 잡고 미꾸라

지를 잡아가면 맛난 추어탕을 끓여주시던 어머니와 물안개 피어오르는 장재저수지를 만나러 가야겠다.

소욕지족 소병소뇌 (少慾知足 少病少惱)

　올해 두 개의 가방이 생겼다. 지금까지 몇 개의 가방을 가졌었는지 되돌아본다. 책가방, 여행가방, 골프가방이 전부였던 것 같다. 그런데 올해 두 개의 가방이 마련된 것이다. 한 해에 두 개의 가방이 생긴 것은 대단한 행운이라고 볼 수 있다. 가방 하나 장만하기가 쉽지 않은 외벌이 가정경제 탓에 나를 위한 투자가 만만치 않았음을 새삼스럽게 생각하게 되었다.
　TV에서 〈인간극장〉을 보다가 나이가 많아도 할 수 있는 운동이 국궁이라는 것을 깨닫고 나도 시작해야겠다

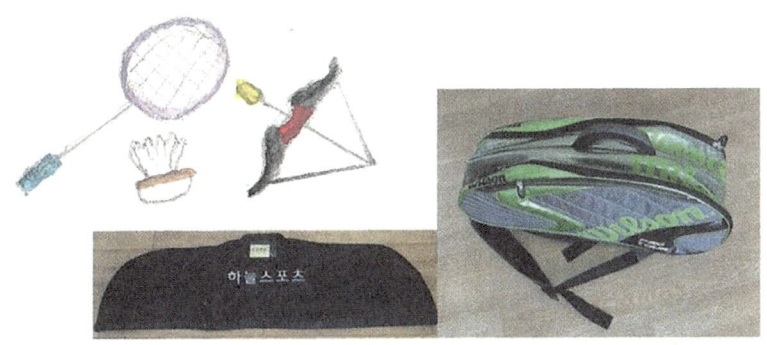

고 마음을 다진 게 발단이었다. 국궁은 혼자서도 할 수 있고 자세를 바르게 하여 허리도 굽지 않고 걸음걸이도 반듯하고, 관절이나 신체적으로도 큰 무리가 되지 않을 것 같았다. 즉시 인터넷을 탐색하여 국궁장을 찾아 나섰다. 운이 좋았는지 시간이 맞았는지 사범님을 만나서 가입 의사를 전달하고 회원이 되어 국궁을 시작했다. 도를 강조하고 예의범절을 중시하여 제약의 느낌이 있었으나, 이 기회에 마음을 다스려 정신 수양도 해야겠다는 자세로 수련을 시작하게 되었다.

한 달 후에 활과 화살을 장만하니 활 가방이 생겼다. 설레고 신나는 일이었다. 퇴직 후에 갖는 가방이 특별하게 느껴져 한동안 들뜬 기분이 되었다. 마치 설빔을 받던 어린 시절의 명절날 같았다. 부지런히 배워 명궁이 되어야겠다는 각오를 다졌다. 그런데 그 바람은 오래가지 못하고 시들해졌다. 매일 연습할 시간도 의지도 없었다. 마음만으론 이룰 수 없는 일이었다. 훈련과 체력, 의지가 있어야 비로소 발전한다는 것을 깨닫는 데는 오랜 시간이 걸리지 않았다.

국궁은 간혹 정적인 운동으로 인식되곤 한다. 나 자신도 그렇게 생각했었다. 활은 동적인 운동이다. 활시위를 당기는 자세는 온몸의 모든 신경이 함께해야 한다. 활을 당기려면 복장을 단정히 하고, 활에 시위를 걸어야 한다. 마음을 진정시키고 활과 다섯 발의 화살을 허리에 매는 궁대에 차고 궁수들과 함께 사대에 정렬한다.

활을 잡고 오른손에는 시위를 당기는 깍지를 낀다. 차례가 되면 목표를 확인하고 왼발을 앞으로 오른발을 옆으로 편안한 자세를 잡고, 화살을 시위의 중앙에 끼우고 오른손 깍지를 시위에 걸며 화살을 고정한다. 양발의 앞쪽에 힘을 실으며 허리와 목을 펴고 활을 머리 위로 올려 조준 자세를 취한다.

오른손으로 시위를 당겨 화살이 턱밑에 붙도록 하며 왼손은 줌을 앞으로 밀면서 팔을 펴고 중구미를 엎어 만작을 한다. 두 눈은 과녁을 조준하고 화살촉이 왼손에 정확하게 위치되면 호흡을 멈추고 몸의 움직임이 없도록 살며시 깍지를 놓아야 한다. 화살은 창공을 날며 꼬리를 흔들고 살아있는 동물처럼 꿈틀거리면서 과녁을 향해 곡선으로 날아간다. 잘 쏘아진 화살은 145미터 전방의 목표를 힘차게 때리며 소리를 내고 튕겨 나온다. 이것은 모든 신경을 일시에 한곳에 집중시키는 아주 격렬하고 동적인 운동이다.

하루에 아홉 번을 사대에 서면 힘이 들고 피곤함을 느낀다. 승급이나 승단 시험에 다섯 발씩 마흔다섯 발의 화살을 쏜다. 자세를 잡고 시위를 당기는 일은 결코 쉬운 운동이 아니다. 체력, 정신력, 인내가 동반되어야 집중력을 발휘한다.

활은 한 곳에서 쏘지만, 배드민턴은 계속 자리를 이동하는 운동이다. 잠시도 멈춰 서 있는 상태는 실점을 불러온다. 사십 대부터 쳤지만 아주 잘 치는 수준도 아니고 재미있고 웃으면서 땀을 흘리고, 사람들과 어울릴 수 있는 것이 좋아 지금까지 하고 있다.

몇 년 전에 운동 중에 갑자기 무릎이 아파 뛰지 못해 병원을 갔으나 원인을 찾지 못해 다리를 절룩거리며 한 달간 애를 태웠다. 자기공명영상(MRI)촬영으로 무릎에서 떨어진 뼛조각을 찾아내 시술했다. 운동을 못하는 동안에 체중이 늘고 근육이 줄어 재활을 거쳐서 운동을 할 수 있었다.

　배드민턴은 복식경기를 주로 한다. 파트너가 있어야 하고 네 명이 한 조가 되어야 한다. 같이 뛰면 금방 땀이 나고 서로 협력하여 점수를 내면 기쁨도 배가 된다. 웃음도 많아지고 친분도 쌓인다. 서로 의사소통도 이루어져야 하고 시간 약속도 해야 한다. 호흡이 잘 맞기도 해야 하고, 스타일도 맞춰야 원활한 게임이 된다. 쉽게 가까워지고 사귈 수 있다. 활동량이 많아 심폐 운동에 좋고, 몸을 빠르게 많이 움직여야 하므로 체력 향상에 매우 좋은 운동이다. 땀을 흘리는 데는 달리기보다 좋을 수도 있다.

　코로나 팬데믹으로 오랜만에 다시 하게 되어 운동복과 운동화를 준비하고 부산을 떨었다. 보고 있던 딸이 가방을 선물해 주었다. 다른 사람들은 큰 가방에 라켓도 많아 부러웠었다. 이십 년을 쳤어도 라켓 한 개만 들고 다니다 운동화, 물병과 수건도 넣을 수 있는 가방을 갖게 되었다. 가방을 사던 날 십 년만의 숙원을 해결한 듯한 기쁨을 느꼈다.

이순이 넘어 두 개의 가방을 한 해에 얻었으니 엔도르핀이 솟는 기분이다. 더 욕심을 부리면 탈 날 것 같아 마음을 가라앉힌다. 차분하게 건강을 위하여 노력하는 자세를 가지려고 진정시킨다. "적은 것으로 넉넉할 줄 알며, 적게 앓고 적게 걱정하라(少慾知足 少病少惱)."는 자운 스님의 가르침을 마음속에 새기며 즐겁게 운동하여 건강을 유지했으면 한다.

  결실의 계절에 목덜미를 스치는 부드러운 바람이 마음의 여유를 가져다준다. 두 개의 가방을 가진 넉넉함으로 건강과 행복을 찾아봐야겠다.

텔레비전 예찬

 간절한 눈빛으로 한곳을 응시한다. 항저우 아시안 게임 수영중계방송이다. 아나운서는 목에 힘줄을 불끈 세워가며 흥분한 목소리로 메달 획득 소식을 전한다. 기대 이상의 성과에 시청자들은 텔레비전 속으로 빠져든다.
 1969년 7월 21일, 여름날 오전에 초등학교 운동장을 말끔하게 단장했다. 유연하게 가지를 늘여 부드러운 형태의 아치를 그린 큰 능수버들 그늘에 네발이 달린 가구 같은 텔레비전을 설치했다. 오백여 명의 학생들은 줄을 맞춰 앉았고, 학교 관계자들이 모두 모여 닐 암스트

롱이 달에 첫발을 내딛는 장면을 보았다. 달을 본다는 호기심에 큰 기대를 모았으나 옥토끼는 물론 계수나무도 없었다. 황량한 맨땅에 커다란 발자국만 보고서 아쉬움을 삼켰다. 기대에 미치지는 못했어도 사람이 달에 갔다는 사실 자체가 충격적인 감동이었다.

인기가 많은 김일 선수의 프로 레슬링 시합이 있던 날 밤에 초등학교로 갔다. 주변 마을의 학생들이 많이 와서 교무실이 빼곡하게 들어찼다. 피가 나는 이마로 커다란 외국인을 박치기로 쓰러뜨려 승리하자 교무실에 환호성이 터지고 내가 이긴 것 같은 우쭐한 기분으로 어두운 밤길을 망설임 없이 돌아왔었다.

어린 시절 시골 마을에는 킹스컵 축구 결승전이나 월드컵, 올림픽 축구 예선전은 여름밤 마당에서 멍석을 깔고 누워 별을 보면서 라디오를 들었다. 1969년 전기가 들어오고 난 후 마을에 몇 대의 텔레비전이 들어오고 라디오는 뒷전으로 밀려났다. 스포츠 경기, 드라마를 보기 위해 저녁이면 온 마을 사람들이 그 앞으로 모여들어 영화관 같은 진풍경이 펼쳐졌다.

1970년대에는 프로복싱이 인기가 있었다. 타이틀전에는 성황을 이루었다. 세계 챔피언도 많았다. 복싱이 생활

깊숙이 파고들었다. 아이들은 글러브를 샀고 복싱 도장도 늘어나고 요즘 배드민턴 인구가 늘어나듯 했다. 주말이면 〈타잔〉을 보기 위해 친구 집으로 갔다. 건장한 체구에 중요 부위만 가린 옷을 입고 자연 파괴범들을 물리치기 위하여 동물들과 소통하고 자연의 수호자로 큰 사랑을 받았던 〈타잔〉은 당시 아이들의 우상이었다. 텔레비전이 아이들을 모아서 앉혀놓았다.

  1982년 세계야구선수권대회 결승전에서 8회 3점 홈런으로 역전하였을 때의 짜릿한 장면은 지금도 생생하게 느껴진다. 일본과의 경기는 야구를 모르는 사람들도 끌어모아 애국심을 느끼게 하는 역할을 하였다. 그 후 프로 야구가 생겨서 붐을 일으켰고 매일 중계방송을 편성했었다.

  '누가 이 사람을 아시나요.'로 시작된 이산가족 찾기 방송은 전 국민을 울음바다로 만들었다. 이산가족의 아픔을 치유하기 위해 시작된 방송이 많은 신청자들의 요청으로, 방송 연장을 거듭하였다. 장장 138일간 방송하여 유네스코 기록유산에 등재되었다.

  올림픽 중계방송도 인간 한계에 도전하는 국가대표 선수들을 역동적으로 보여주며 감동의 순간을 함께하는 역사의 한 장면이라고 할 수 있다. 88올림픽은 '화합과 전진'이라는 목표로 전쟁 폐허 30년 만에 '한강의 기적'으로 세상에서 가장 부지런하고 똑똑한 국민이라는 사실을 전 세계에 공표한 거사였다고 생각된다. 성화 봉송과 개막식, 시상식에서 눈물을 머금게 한 태극기 게양은 잊지 못할 감흥을 연출하기도 했다.

  2002년 FIFA 월드컵 한국/일본에서 대한민국은 16강을 목표로 했었다. 하나 된 응원으로 승승장구하여 대망의 4강까지 올라가 '꿈은 이루어진다.'는 확신을 각인시켰다. 광화문에서 밤샘 응원과 온 국민을 '붉은 악마'로 만들어 전국을 열광의 도가니로 만든 기억이 새겨진 대회였다. 이런 일들은 텔레비전이 이루어 낸 업적이다. 정확한 내용 전달과 적절한 표현으로 긴장되는 순간들을 생생하게 마주할 때 이런 믿기 어려운 엄청난 성과가 나온다.

  텔레비전은 영상과 음향을 동시에 전달함으로써 대중성이 있으며, 감성적인 영향이 강하고 메시지의 전달이 강력하다. 정보 전달, 오락, 휴식 제공에 영향력이 넓고 효과가 크다. 대중문화의 생산자이며 전파자 역할을 한다. 시청자와 소통하는 매체로 변화하고 있다. 안방 또는 거실의 중앙을 차지하고 가족을 모이게 한다.

　세계 전역의 신속한 재난 보도로 구호의 손길을 전달하게 하며, 국민의 관심사인 선거의 당락도 중계해 주고, 뉴스 전달과 노래, 만화, 영화, 역사 등 방송이 알려주는 대학의 역할도 충실하게 수행하고 있다. 텔레비전은 어휘력 발달에 도움을 주고 정보 입수가 책보다 쉽고 빠르다. 현대인들에게 꼭 필요한 중요 매체다. 얼마나 좋으면 이런 노래까지 나왔을까. "텔레비전에 내가 나왔쓰으~면 정말 좋겠네~에. 정말 좋겠네."

　거실에 모여서 세상사를 본다. 우주, 미국, 아프리카, 소련도 앉아서 가본다. 에베레스트에도 오르고 나이아가라 폭포의 물줄기도 즐기고, 가족을 한군데로 모이게 하는 역할을 텔레비전이 한다. 역기능도 있지만 순기능도 많아. 현대인의 생활에 필요한 문화 매개체가 되었다.

　오늘 저녁에 〈나는 자연인이다〉를 봐야지.

호두

    정월 대보름 새벽. 머리맡에 놓인 바구니가 눈에 들어온다. 아내가 세시풍속으로 준비한 부럼이다. 땅콩이나 생밤을 많이 쓰고 있지만 어머니가 보내주신 호두도 있다. 어릴 때 살강에서 꺼내 주셨던 호두의 맛이 선명하게 떠오른다. 돌로 깨다 손가락을 다쳐 빨간약을 바르기는 했지만 짜릿한 고소함과 입안에 퍼지는 향이 아픔을 상쇄하고도 남았다.
    생김새가 인간의 뇌를 닮아서 먹으면 머리가 좋아진다고 했다. 필수지방산이 많아 성장기 어린이나 수험생

에게 좋으며 혈액순환을 촉진하고 항산화 작용으로 건강에 좋다고 한다. 고속도로 휴게소에서 인기 메뉴인 호두과자와 특식으로 해주던 약밥에 빠져서는 안 될 재료이다.

산세가 수려하고 숲이 우거진 광덕사에는 천안의 명물답게 사백 살로 추정되는 호두나무가 천연기념물로 지정돼 있다. 늠름한 기세는 하늘을 향해 양팔을 쭉 뻗어 독립 만세를 외치는 형상으로 노거수임에도 매년 많은 열매로 사람들의 사랑을 받는다.

햇볕을 좋아해 양지바른 곳에서 잘 자라며 열매는 둥근 핵과이다. 겉껍질은 연녹색으로 자애로운 어머니의 품성 같아 편안하다. 속껍데기는 황갈색의 단단한 골질에 가운데 선명한 봉합선이 있어 신중하게 견주어 보고 목표를 정하여, 굳은 결심으로 일로매진(一路邁進)하는 사람이 되라던 아버지 말씀이 떠오르게 한다.

십자 모양의 미로 같은 벽으로 나눠진 네 개의 방은 공부와 건강, 예의범절, 근면과 검소를 강조하셨던, 어머니의 가르침 같다. 정교한 무늬를 가진 얇은 막은 꾸중을 듣고 밖으로 뛰쳐나갔다 밤늦게 들어와 자는 척하던 자식이 걱정돼, 이불 속 발을 만져보던 어머니 손길

같았다.

　소싯적에 고향 산모롱이에는 커다란 호두나무가 있었다. 지나다 보면 열매가 '툭' 소리를 내며 떨어져 떼굴떼굴 굴러간다. 녹색의 과육이 뚝 떨어져 나간 속을 보니 마치 갓난아기의 뽀얀 피부 같다. 겉껍질을 벗겨 깨끗하게 물에 씻어 주머니에 넣고 만지작거렸던 기억이 생생하다. 지금도 하얀 개망초꽃과 어우러져 기품을 자랑하던 우람한 나무가 생각나곤 한다.

　호두는 단단한 껍데기로 무장해 고소한 알맹이를 꺼내기란 만만치 않다. 예전에는 마땅한 기구가 없어 돌로 깨보면 힘 조절이 안 돼 본래의 모양은 사라지고 잘게 부서졌다. 겉껍데기를 제대로 벗기려면 도구가 필요하다. 봉합선 중심에 드라이버를 대고 좌우로 돌리면 반으로 쉽게 갈라진다. 호두 까기는 하나의 신성한 의식을 치르는 느낌이다. 아무에게나 속내를 보이지 않는 수줍은 숫처녀를 대하는 듯해야 한다. 서두르면 안 된다. 마음이 평온한 상태라야 온전한 알맹이를 얻을 수 있다. 섬세한 손놀림과 차분한 마음을 갖고 모양과 크기에 따라 힘 조절이 달라져야 한다.

　고소한 맛은 어렵게 깐 수고를 보상해 준다. 우윳빛

속살을 손으로 잡는 순간 입안에는 이미 침이 고이고 빨리 맛보고 싶어 온 신경이 반응한다. 가래, 개암, 땅콩, 아몬드 맛과도 확실히 차별되는 견과류의 으뜸이다.

 단단하게 뿌리내리고 하늘에 닿을 듯 수세를 자랑하던 고향의 호두나무가 등걸만 남아 어머니의 모습으로 그려진다. 얼굴 가득 많은 주름과 굽은 등을 감추지 못하는 언제나 내 편인 어머니 같다. 잘 여문 열매를 주렁주렁 단 호두나무와 인심 좋은 아낙으로 사셨던 어머니는 변함없이 반기고 품어주는 마음의 고향이다.

 오랫동안 호두를 좋아하다 보니 이제는 생김새만 봐도 알아챈다. 못생기고 투박하나 속이 꽉 찬 것, 겉이 깨끗하고 골이 깊고 예쁜 것, 작고 앙증맞으나 알맹이는 빈 것, 표면이 거친 데다 속이 오그라든 것을 단박에 골라내는 눈썰미도 생겼다. 어느덧 이순 중반에 들어서니 부모님의 바람대로 속이 꽉 찬 호두처럼 내면을 채워가며 충실하게 익어가기를 소망할 뿐이다.

 준비한 호두로 정월 대보름 아침을 맞았다. 텁텁하고 마른입인데도 가볍지 않고, 지나치지도 않는 고소함에는 어머니의 사랑이 담겨 있었다. 모든 걸 자식에게 내주신 어머니는 치아가 없다. 호두과자로 부럼을 대신하는

게 가슴이 미어지는데, 어색함을 숨기려고 하회탈처럼 웃고 계신다.

  어쩌면 인생사도 호두와 닮아 있는 듯하다. 주름은 고뇌하는 인간의 모습이고, 딱딱한 외피는 어떤 어려움도 견뎌내라는 인내를, 고소한 속살을 얻기 위해 거치는 녹색 과육과 단단한 껍데기, 얇은 막 벗기기의 과정은 고통 없이 얻어지는 성취는 없다는 세상 이치를 깨우쳐 준다.

미로 찾기

공회당 마당에서 꼬마들이 축구를 한다. 공이 가는 데로 몰려다니며 시끄럽게 떠든다. 안에서는 중학생들이 바둑을 두고 있다. 갑자기 목청이 커지고 싸우는 듯하여 안으로 들어가 본다.

단짝인데 무슨 일인가 했더니 바둑을 두면서 '단수' 소리를 안 했으니 물러달라고 하는데 안 된다고 옥신각신이다. 친구끼리 배우며 두다 보니 이런 일은 다반사다. 물러달라면 한 수 물러주기도 한다. 몇 번 그러다가 '일수불퇴'를 약속한다. 그래도 잘 지켜지지 않으면 사

달이 나는 것이다. 티격태격하면서 화해하고 우정이 깊어진다.

바둑은 전략과 사고를 필요로 하는 깊이 있는 놀이이며 상대와의 교감이 있는 게임으로 수담이라고도 한다. 알파고는 이세돌과의 세기의 대결에서 승리했으나 활용이 중단되는 최악의 결과를 갖게 됐다. 감정이 없는 AI는 관계가 맺어지지 않는다. 교감이 없는 게임은 흥미가 없는 것이다.

10월의 산꼭대기는 서늘하다. 태백산 정상에 하얀 한복과 두루마기를 입고 가부좌를 틀고 앉은 두 천재가 서로 자신의 길을 찾으려고 소맷자락을 휘저으며 혼신을 기울인다. 산상 대결로 천제단에서 토종기사 서봉수 명인과 떠오르는 샛별 이세돌과의 2001년 대국이었다. 마치 신선들이 미로를 찾으려는 향연 같았다. 마음을 진정하고 반상에만 집중하는 명상의 게임이 천국을 그려 놓은 듯하다.

어머니는 어릴 적에 앞집 오빠들이 교복을 입고 바둑을 두던 모습이 참 보기 좋았다며 조용히 마주 앉아, 한 알 한 알 번갈아 두어가는 돌 놓는 소리도 음악같이 들렸다고 했다. 몰래 담장 너머로 훔쳐보며 마음이 설레었다고 하니 아마도 다른 마음이 있지 않았나 싶다. 왜 그 말씀이 오래도록 기억에 남아 있었는지 지금도 그 이유는 정확하게 알지 못한다.

힘들 때 잠시라도 잊고 견디기 위해 바둑을 두기도 했다. 막냇동생을 하늘나라로 보내고 한동안 슬픔을 견디기 어려웠다. 그때 최고의 안식처로 바둑을 찾으면서 회복할 시간을 벌었다. 다른 생각을 하지 않고 심취할 수 있는 휴식의 방법이었다.

바둑 해설자가 인생과 관련된 참고 때를 기다린다는 와신상담, 각고면려, 백절불굴 같은 고사성어로 설명한다. 힘들 때 공감했다. 좋은 집을 망가뜨리면 상전이 벽해가 되었다고 하고, 수시로 변하여 예측이 어렵고 무상함을 얘기하는 새옹지마, 한 번 졌다고 달라질 것도 없고 인생에서 한 번 실패했다고 끝장나는 것도 아니라는 병가지상사 같은 말을 많이 사용한다.

생사에 관한 용어는 꽃에 비유한다. '오궁도화'는 다섯 알을 '매화육궁'은 여섯 알을 잡아도 살지 못하는 형태를 일컫는데 비록 사석이라도 역할을 충실하게 다했기 때문에 예우 차원이 아닌가 짐작해 본다.

이외에도 아직 살지 못했다는 '미생', 빠져나올 수 없다는 '호리병', 날렵하게 달린다고 '비마', 즐거운 싸움이라는 꽃놀이패, 잡혀주고 되따내는 후절수 등 재미있는 말들이 있다. 싸움과 관련된 대마불사, 승부수, 곤마, 이적수, 행마, 호구도 흥미롭고 매력적이다.

초반에 오십 집을 앞서거나 남의 집이 커 보이면 진다. 적의 급소는 나의 급소다. 내가 완생한 다음 공격해야 한다. 대마에 가일수해야 위태롭지 않다. 강한 곳은 피해가고 미생마를 동행하라. 큰 것을 얻기 위해 작은 것을 포기하라는 격언도 인생사와 긴밀한 연관성이 있다.

혹자는 바둑을 인생이라고 비유한다. 반상 361로의 천변만화가 우리네 삶의 오욕칠정과 연결된 듯하다. 멋진 인생을 위한 미로 찾기를 하며 여유를 가져보자.

단수!

이 한마디면 세상 모두 가진 자의 오만함과 견줘도 우위에 서 있는 듯한 쾌감이 있지 않은가. 활짝 핀 얼굴에 홍조와 기쁨이 넘치는 순간을 찾는 것이 미로 찾기 같다.

우리를 행복하게 하는 것들

　해맑은 아이의 웃음소리는 우리를 기쁘게 한다. 고사리 같은 손가락을 꼼지락거리며 엄마 젖을 먹고 있는 천진난만한 아기, 4월의 만개한 벚꽃축제에서 부모 손을 잡고 뜀뛰기를 하는 아이의 환한 미소, 긴 머리를 나풀대며 고무줄놀이하는 아이들의 종달새 노래 같은 재잘거림이 우리를 기쁘게 한다.
　엄마 아빠와 함께하는 운동회를 그리는 아이를 보게 될 때, 어린 시절 책보를 가로 메고 달려가던 아이의 딸그락거리던 도시락 소리가 생각날 때, 땅거미 지는 어스

름에 구슬치기에서 이기고 집으로 향하는 코흘리개의 당당한 발걸음이, 땅따먹기, 비석치기 놀이에 여념이 없는 꼬마들의 진지한 모습, 그 놀이에 관심을 가지고 지켜보는 갈래머리 소녀의 행복한 미소가 우리를 행복하게 한다.

사소한 일로 친구와 다투고 혼날 각오로 집에 갔을 때도 언제나 자식을 믿는다는 어머니의 다정한 목소리가, 늦게 퇴근하게 된 추운 겨울날 아랫목 이불 속에 넣어 둔 따뜻한 밥과 안방 화로에서 끓고 있던 청국장을 받았을 때, 우리는 행복을 느낀다.

남편의 장애를 보듬는 아내, 아내의 어려움과 마음의 상처를 공감하고 함께 살아가는 중년 부부의 맞잡은 손, 시장 언저리에서 고추를 팔기 위해 서성이는 하회탈 같은 온화한 웃음을 가진 농부를 볼 때, 아들에게 줄 과일 봉지를 손에 들고 거나하게 취한 아저씨가 부르는 흥겨운 노랫가락이 우리를 웃음 짓게 한다.

치킨이 먹고 싶은 군에 간 아들에게 따뜻하게 먹이고 싶어, 밤늦게 치킨을 사려고 문 닫기 직전에 구매하신 부모님의 마음이, 아들의 시험 날 새벽에 절구질하여 인절미를 만드는 은빛 머리의 아버지와 어머니, 이른 새벽

장독대에 정화수 떠 놓고 가족의 안녕을 기원하는 할머니의 간절한 기도가 우리를 기쁘게 하는 것들이다.

새마을운동으로 마을 안길 청소부터 시작하여 농로 확장, 지붕 개량으로 생활을 개선하고 국민 정서가 하나로 뭉쳐 경제부흥을 일구어낸 우리 국민의 숨어 있던 저력이 우리를 뿌듯하게 한다.

IMF에서 구제금융을 받아 높은 금리에 허덕이던 때에 온 국민이 하나 되어 금 모으기와 아나바다, 국산품 쓰기 운동으로 일심단결하여 4년 만에 구제금융을 해결한 우리 국민의 애국심이, 2002년 월드컵에서 감독과 선수가 최선을 다하여 노력하고, '대~한민국'을 목청 돋워 외치며 특별하고 성숙한 응원으로 세계인의 관심과 부러움을 받았던 우리의 행동이 긍지를 갖게 한다.

6.25 전쟁으로 폐허가 되었던 나라가 칠십 년도 되지 않아 선진국과 어깨를 나란히 하며 다른 나라를 지원하는 위치로 올라서 존재감을 드러내는 국가로 탈바꿈시킨 근면한 국민정신이 우리를 기쁘게 한다.

나뭇잎 조각을 하나씩 둘러메고 열을 지어 이동하는 개미들의 단합된 집단행동이, 쉴 새 없이 드나들며 꿀과 꽃가루를 모아오는 꿀벌들의 근면성이 우리를 감동하게 한다. 둥지를 벗어나 넓은 운동장을 지나서 자동차 도로의 턱을 넘고, 힘겹게 냇가에 도달하여 이소에 성공한 오리 가족을 만났을 때, 한가로이 유영하는 물고기의 무리를 보았을 때, 우리는 행복을 느낀다.

한낮의 더위를 가려주는 높은 키의 연초록 아늑한 숲길을 걸을 때, 산사를 찾는 발걸음이 무거워질 때 들려오는 맑은 시냇물 소리가 우리를 편안하게 한다. 호숫가에서 부식되어 가는 이끼 낀 나무 둥치에서 자라는 튼튼한 전나무 묘목을 보았을 때, 자연의 역동적인 변화가 우리에게 생동감을 주는 것이다.

포근하게 느껴지는 굴곡진 바닷가의 부드러운 해안선, 여행자를 태우고 달리는 기차, 아침 햇살 받은 호수에 피어오르는 자욱한 물안개, 장독대에 소복하게 내려앉은 함박눈, 신명 나는 리듬이 어깨춤을 들썩이게 하는 사물놀이 장단, 가뭄에 단비, 어머니의 고봉밥, 금메달을 목에 건 우승자의 뜨거운 눈물, 깨끗한 마당 한쪽에 세워져 있는 네 자루의 싸리나무 빗자루가 우리를 행복하게 한다.

붉게 타는 저녁노을, 한가위의 보름달, 살포시 고개를 내민 수줍은 가을꽃, 황금빛 가을 논, 충실하게 익어가는 넓은 콩밭, 따사로운 햇볕을 받아 영롱하게 빛나는 빨간 사과, 넉넉한 추석 차례상이 우리의 마음을 푸근하게 안아준다.

  가을바람에 하늘거리는 가냘픈 코스모스의 밝은 웃음, 높은 하늘과 산들산들 부는 바람, 넉넉한 들판, 노랑 빨강 단풍의 어울림을 볼 수 있는 가을은 우리를 기쁘게 한다.

이모네 포도

　햇볕이 뜨겁다. 연일 폭염경보라고 문자가 온다. 피서를 가기도 두려울 정도다. 뙤약볕을 피해 앉아서 달콤한 즙이 풍성한 거봉 포도를 먹다 보니 어릴 적 추억이 살아난다. 포도는 나에게 행복과 사랑을 생각하게 하는 한여름의 과일이다.
　여름방학에 이모님 댁엘 갔다. 이모님은 맏이였고 엄마는 막내였으니 자매의 나이 차이가 다른 삶의 빛깔을 나타내고 있었다. 큰이모는 인자한 미소를 지닌 할머니처럼 푸근했고, 이모부는 과묵하지만 넉넉한 품을 지닌

분이셨다. 큰형님은 엄마와 나이가 똑같았고 그때는 그것이 이해하기 어려워 고심하기도 했다.

　집 뒤편에는 넓은 포도밭이 있었다. 포도밭의 풍경은 독특했다. 덩굴들이 굳건한 지지대 위로 뻗어 올라 마치 녹색 터널을 이룬 것 같았다. 그 그늘 밑은 한낮의 태양 빛도 뚫지 못하는 시원한 피난처가 되었다. 놀기도 하고, 포도 작업 일손도 돕고, 휴식도 하며 엄마 어릴 적 이야기도 들었다.

　싱그러운 풀 내음과 흙냄새, 진하게 풍겨오는 달콤한 포도 향은 기분을 상쾌하게 한다. 기대감을 끌어올린다. 향기로운 포도밭은 거대한 놀이터 같았다. 대식구 속에서도 동갑내기 사촌과 붙어서 토닥거리며 일손도 돕고, 공부도 함께하며 온종일 붙어 다녔다.

　먹거리가 귀하던 그때 여름철의 참외, 수박, 포도는 특별한 일이 있을 때나 맛볼 수 있는 귀한 과일이었다. 간혹 밭에서 자연스레 자란 '개똥참외'나 '토마토'를 발견하면 정성스레 돌보고 가꿔 몇 개의 열매를 얻기도 했다. 그 열매는 너무나 달콤하고 기막힌 맛이어서 숨어서 먹었던 기억이 생생하다. 그런데 넓은 포도밭에서 뛰놀며 싱그러운 포도를 보고 실컷 먹기도 했으니 얼마나 신바람이 났겠는가. 포도밭은 늘어진 포도송이 때문에 이동이 불편했다. 숨바꼭질할 때는 허리를 낮게 하여 재빨리 이동하고 은폐물을 찾아야 했다. 포도밭은 과일만 생산하는 곳이 아닌 꿈과 추억이 무르익는 체험의 장이었다.

뒤뜰에는 우거진 대나무 숲이 있었다. 바람이 불 때마다 댓잎 부딪는 소리가 시원한 청량감을 주었다. 그 숲 한쪽에 땅속에 묻힌 커다란 옹기 단지가 있었다. 상품 가치가 조금 떨어지는 포도를 넣어 포도주를 담갔다. 동갑내기 사촌과 몰래 맛을 보았다. 달콤하고 진한 포도 향기가 입안 가득 퍼져 황홀한 기분을 갖게 한다. 그 포도주는 덥고 지친 몸에 알 수 없는 묘한 기분과 편안함을 선사해 준다. 가끔 어른들 눈을 피해 그 맛을 즐겼다. 둘만의 약속된 비밀이었다.

집으로 가는 날 이모님께서 탐스럽게 익은 포도 한 상자를 담아주셨다. 어린 내가 감당하기 버거운 무게였다. 하지만 부모님과 동생들에게 선물할 생각에 힘든 줄 모르고 욕심을 냈다. 8월의 무더위는 머리가 지끈거리고 땀이 쏟아지게 하는 기세로, 연일 수은주를 최대로 올리고 있다. 상자의 무게와 찜통 같은 더위, 그리고 긴 여정은 녹록하지 않았다.

　설상가상 버스를 잘못 갈아타는 바람에 엉뚱한 방향으로 가게 되어 시간이 지체되기도 했다. 등줄기를 타고 흐르는 땀으로 옷은 축축하게 젖었고 포도 상자마저 땀으로 이지러지고 있었다.

　버스에 내려 한 시간을 걸어야 집에 도착한다. 까마득히 멀게 느껴졌지만 가는 동안 한 가지 그림만 생각했다. 포도 상자를 보고 기뻐할 동생들과 부모님. 그 생각이 발걸음을 재촉했다. 자신감과 행복감으로 무장해서 웃으면서 그 길을 걸었다. 무거운 짐도 마음먹기에 따라서는 가볍게 느껴질 때도 있다.

　집에 도착했을 때 상자는 찌그러지고 얼굴은 뙤약볕에 벌겋게 달아 있었다. 땀에 젖은 옷은 몸에 착 달라붙을 지경이었다. 어머니는 버리고 오지 그걸 어떻게 가지고 왔냐며 걱정하셨다. 상자를 열고 잘 익은 포도를 보고 이웃에 먼저 나눈다. 가족이 둘러앉아 흡족하게 먹는 모습은 힘들고 땀 흘리며 가져온 보람을 안겨주기에 충분했다.

　이모님 댁에서의 시간은 늘 따뜻했다. 모든 가족의 세심한 배려로 즐겁고 행복한 여름날의 기억으로 남았다. 이

모네 포도는 가족의 온기와 사랑이 담겨 있었다. 포도밭에서의 시간은 마음 깊이 새겨져, 고단한 삶의 여정에 용기와 추진력을 발휘하는 힘이 되었다. 서로의 마음속에 따뜻한 정을 쌓았던 그 날의 기억은 시간이 흘러도 잊히지 않는 추억으로 간직되었다.

어머니의 콩 자루

　함박꽃이 화사하게 반긴다. 일요일이면 찾는 시골집이지만 갈 때마다 조금씩 변화가 있다. 대문을 열면 서쪽 담장을 따라 연분홍의 함박꽃밭이 선명하게 눈맞춤을 한다. 그 옆에 샤스타데이지가 질투하듯 하얀 꽃잎에 노란 꽃가루를 품고 하늘거리는 모습이 사랑스럽다.

　오른쪽에는 포도나무가 조막손처럼 생긴 잎을 피우며 덩굴을 늘려가고 있다. 그 앞에 한 줄의 고추나무는 파란 잎을 자랑하며 키재기를 한다. 콩들은 흙을 들어 올리고 대궁을 세우며 푸른 잎으로 존재감을 드러낸다.

마루에는 포대 자루가 허리를 다 펴지 못하고 벽에 기대어 있는 모습이 낯익다. 올 때마다 보았던 모습으로 마치 꿔다 놓은 보릿자루 같다. 궁금해서 열어본다. 메주콩이 담겨 있다. 설익고 깨진 콩도 많고 먼지가 일어난다. 상품 가치는 거론하기 민망하다. 수많은 손길을 거듭하여 먹거리로 챙겨두신 것이다. 어머니의 노력과 땀의 결실이다.

집으로 가져오니 할 일이 많다. 온전한 것을 가려야 한다. 십 년은 됨 직한 가운데 꽃무늬가 희미해진 알루미늄 낡은 오봉에 콩을 조금씩 올려놓고 쭈그러진 것, 덜 익은 것, 깨진 것, 돌 등을 골라낸다. 한참을 하다 보니 다른 일을 하던 아내도 동참한다. 그 마음이 고마워 잠시 코끝이 찡하다. "좀 쉬었다 하지 그래."라는 말로 서투른 고마움을 표현한다.

콩 재배는 어머니의 소일거리를 위해서였다. 고추는 더운 여름에 붉은 것을 따야 하고 탄저병과 무름병이 많이 생긴다. 건조과정이 길고 어렵다. 콩은 어릴 적에만 풀을 뽑아주면 되고 여름에 다른 작물에 비해 할 일이 상대적으로 적다. 콩이 익으면 뽑아서 마당에 펼쳐 놓고 다 마르면 도리깨로 두드린다. 마당 구석구석 어느 곳이든지 튀고 구르고, 멀리 달아나고 작은 틈새로 숨어든다. 그릇 하나 챙겨 들고 한 개씩 주워 담으며 두부 먹을 때, 된장 담글 기쁨, 인절미의 콩가루, 고소한 콩국수를 떠올렸을 어머니를 생각하면 가슴이 뭉클하다.

콩은 두 종류를 심었다. 메주콩과 쥐눈이콩 구분하는 것도 치매 초기에 도움이 되고 추운 겨울 방 안에서 콩나물을 키우며 무료함을 달래고 잡념도 잊게 할 것 같았다. 콩을 주우면서 자식에 대한 기대, 그리움, 애틋함, 서운함 어떤 감정이었을까.

먹거리가 귀했던 시절 영양 많은 콩밥은 빠질 수 없는 중요한 건강식 중의 하나였다. 콩을 고르며 어머니 마음을 헤아려 본다. 자손들의 건강과 행복을 그리며 채워 놓았을 자루를 보면서 얼마나 흐뭇해하셨을까? 도리깨 한 번 돌리며 새들과 얘기하고, 또 한 번 돌리고 잠자리와 눈 맞추며 즐거운 마음으로 거두었을 것이다.

힘든 일이 닥칠 때마다 노래로 울던 어머니, 꽁지 빠진 닭처럼 바쁘게만 살면서 자식들의 삶에 언덕바지가 되기 위해 불나방같이 일만 찾아서 집중했던 세월. 끝을 알 수 없이 힘겨웠던 헌신적인 노력으로 어머니의 콩꼬투리 속에 다섯 남매는 잘 익은 콩처럼 제 몫을 해내도록 튼실하게 자랐다.

  콩 자루는 어머니의 잡힐 듯 잡히지 않는 평생을 쫓아다닌 무지개 같은 꿈이었을 것이다. 지금까지 자손에게 맛난 음식을 주려고 힘들고 어려운 일을 마다하지 않고 견뎌냈다. 연하고 부드럽고 화사한 여러 겹의 함박꽃잎 같은 심정으로 보듬어 주신 어머니가 곁에 있어 참 고맙다.

  고르고 씻고 볶고 빻아서 가루가 된 콩은 주변의 지인들과 어머니의 인절미 고물, 콩국수와 식품 재료로 귀하게 소용되고 있으니 어머니의 화사한 꿈은 실현된 것일까. 귀한 선물의 고소한 맛에 젖어 든다.

  함박꽃의 싱그러움이 오래 지속되면 좋겠다. 구수한 된장국이 마음속까지 편안하게 안정시키는 저녁이다.

삼년산성에서

 빠른 속도로 여름이 다가온다. 초록의 물결이 뒤덮이고 농사철로 접어든다. 들판에 논들이 물을 받아들이고 있다. 충만한 마음으로 나들이를 간다. 성안은 조용하고 인기척도 없이 한가롭고 편안하다. 망루로 향한 부드럽게 굴곡진 계단이 발걸음을 끌어당긴다.

 1976년 여름, 한낮의 매미 소리가 여기저기서 길게 이어지며, 햇빛이 눈 부시도록 내리쪼이던 날. 가방은 늘어져 무게를 더하고, 땀으로 흰색의 교복이 젖어간다. 읍내 급우들이 삼년산성의 추억을 이야기할 때 나만 외톨이가 된 느낌이었다. 그 기분을 다시 갖고 싶지 않아 친구들을 따돌리고 혼자서 산성길을 올랐다.

삼년산성은 세월의 풍파에 성벽의 돌이 늘어진 옷자락처럼 흘러내렸다. 빛바랜 휴지 조각이 날리고, 주변의 이름 모를 작은 들꽃이 무너진 성곽 돌 틈을 비집고 조그만 얼굴을 내밀었다. 털이 많아 거칠게 보이는 칡 줄기의 커다란 이파리 사이에 존재감을 드러낸 굵은 대공이 보라색 꽃을 달고 있었다.

성안에는 조그만 샘터에서 맑은 물이 흘러나왔다. 아래로는 습지가 형성되어 미나리꽝이 있었다. 작은 나무와 풀이 무질서하게 자란 연못 아미지(蛾眉池)는, 사람의 손길을 애타게 기다리는 것 같았다. 옛날 승전의 영화는 사라지고 쓸쓸함만 가득했다. 두 채의 집과 작은 암자가 고즈넉하게 자리를 차지했다. 담 밖에는 작고 여린 가지버섯이 햇빛을 피해 숨어 있었다. 잡초가 무성한 관심 없이 버려진 폐허 같아서 허허로운 마음이었으나, 조용하고 아늑한 정경이 한 폭의 동양화를 보는 듯 편안했다.

보은은 사방 백 리에 동으로 상주, 서로 대전, 남으로 영동, 북으로 청주가 있다. 삼국시대 세 나라의 교차점이자 선점의 대상이었다. 지배국이 수시로 바뀌고 백성들은 치욕과 수난으로 극심한 고통을 당했을 것이다. 속마음을 쉽게 내보일 수 없는 상황에 억울한 호소를 표현도 하지 못하고, 방에서만 울부짖고 벼름빡[5]을 치며 감정을 표출했을 것이다.

성이 만들어지고 신라의 지배가 확고해졌다. 가족을 잃고 지배자가 바뀌며 겪는 고통이 사라진다. 생활이 안정되고 평화의 날들이 길어지며, 본래의 순박한 심성을 되찾게 되었으리라.

사적 제235호. 면적 22만 6,866제곱미터. 충청북도 보은군 보은읍 성주길 102번지. 삼년산성은 신라 자비마립간 때인 470년에 축성되었다. 삼 년 만에 완성되었다고 붙여진 이름으로 알려졌으나, 유홍렬이 지은 《국사대사전》에 의하면 보은의 지명에 삼년산이 있었다고 수록되어 있다. 어느 것이 정확한지는 더 고증이 필요할 듯하다.

성벽은 주위의 능선을 따라 웅대하게 구축하였는데, 가장 높은 곳이 22미터이고, 너비는 5~8미터이며, 길이는 1,680미터이다. 내외면 모두 석축으로 수직에 가

---

5 벼름빡: 벽의 방언

산성 정문

산성 동문

까운 벽면을 이루게 하여 견고하게 만들었다.

정문으로 사용한 서문은 성벽이 안쪽으로 휘었고, 성 밖에서 문의 위치가 확실하게 드러나지 않는다. 적을 일찍 관측하고 가까이 접근을 막는 시설인 치성을 남북으로 두 개 배치하였다. 동, 남, 북문도 치성을 설치하였고, 동문은 사다리를 타고 올라가야 접근할 수 있게 만들었다. 자연을 이용한 난공불락의 천연요새였다.

진흥왕은 554년 이곳에서 조련한 군대를 몰고 관산성(옥천) 전투에서 백제 성왕을 잡았다. 무열왕은 신라와 당나라 간 동맹을 위한 국제회의를 이곳에서 열었는데, 당나라에 무력시위를 하기 위해서였다고 한다. 후백제가 충청을 장악한 928년에 고려 태조 왕건도 삼년산성을 빼앗으려다 크게 패한 바 있다. 승전의 기록만 알려져 온다.

충청 지역을 차지하기 위한 전투가 치열하던 시대에 백제와의 싸움에서 이기고, 삼국통일을 이루는 발판으로 북진의 교두보를 확보하는 역할을 했다.

성내 암벽에는 옥필(玉筆), 유사암(有似巖), 아미지(蛾眉池) 등의 글씨가 새겨져 있다. 명필 김생의 필체로 전해 온다. 삼국시대부터 조선시대까지의 토기조각과 유물이 발견되어 성을 오랫동안 이용했음을 알 수 있다.

성은 분지를 둘러싼 천지의 축소판이다. 지금은 진입로가 잘 정비되고 이정표가 안내 역할을 충실하게 하고 있다. 성곽을 복원하여 성이 제모습을 갖추니 말끔한 신사 같은 모습이다. 남문에서 보는 넓은 들과 파란 하늘이 아름답게 어울린다.

아미지와 성곽

   평화는 힘이 있어야 가능하며 안정을 누릴 수 있다. 민초들의 안정된 생활에 공이 큰 산성이, 주변 자연과 어우러져 편안함을 선물한다. 비석에 낀 이끼가 세월의 깊이를 알려주며 친근하게 느껴진다.
   탁 트인 망루에 올라 눈을 감고 햇살과 바람을 맞는다. 승전의 함성이 들려오는 것 같다. 백성들의 안도하는 표정과 흥겨운 춤과 가락이 오랫동안 이어졌으리라. 이제는 아름답고, 힐링하기에 너무나 좋은 곳에서 역사를 돌아볼 수 있는 여행지가 되었다. 고요하고 한적한 삼년산성이 아늑하다. 옛 선조들의 삶을 그려보며 승전의 기운을 받고 싶다.

애국 여행

　레이저 불기둥이 하늘로 뻗친다. 휘황한 조명에 바닷물이 춤추며 손에 잡힐 듯 다가온다. 크루즈에선 창마다 불을 밝히고 갑판에선 영화를 상영하며 항구의 한쪽 면을 화려하게 장식하고 있다. 불꽃과 조명이 야경을 들뜨게 한다. 그 한쪽 은은한 불빛에 꽃잎 모양으로 자리 잡은 오페라 하우스가 멋스러움을 더하고 있다. 시드니항구의 저녁 풍경이다.

　오페라 하우스는 상세한 설계와 꼼꼼한 시공으로 무려 십육년 만에 완공한 역작이다. 관광객과 공연장 대여로

시드니 오페라 하우스

  일 년 내내 인산인해를 이룬다고 한다. 그리고 주변 환경과의 조화를 고려한 아파트의 건축디자인이 멋스러움을 더한다.

  코로나에서 해방되어 해외여행을 계획한다. 여행은 항상 마음을 설레게 한다. 대한민국 일흔일곱 배의 넓은 땅과 풍부한 천연자원을 가지고 있으며, 자연풍광이 수려하고, 얼지 않는 겨울로 나무가 많은 나라. 사람이 우선으로 높은 삶의 질을 자랑하며 안전한 사회를 추구하는 나라. 제조업이 없고 국민건강을 위해 약을 만들고, 의료·생명공학·정보통신 기술과 문화 콘텐츠를 발전시키는 국가. '사람이 우선인 나라'라는 단어가 떠오르는 이상적인 호주에 가보고 싶었다.

첫날 저녁 호텔에서 세계적으로 알려진 영국 얼그레이, 잉글랜드 블랙퍼스트를 우려보며, 세 시간의 버스 탑승과 열 시간 비행의 지친 몸을 다독인다.

그러나 다음 날 세 시간 달려 도착한 비 내리는 쓸쓸한 넬슨항, 빈 배가 몇 척 묶여 흔들리고 선장과 안내원 두 명뿐인 쓸쓸한 항구에서 고래의 행선지를 알아볼 방법이 없다. 보이지 않는 돌고래가 "무~우엇 하~아러 와~앗 느은가" 하는 유행가 가사를 생각나게 하는 오전이었다.

식사는 주로 낮에는 현지식, 저녁은 한식이었다. 스테이크에 감자튀김을 곁들인 현지식은 한식에 비해 맛은 물론 포만감도 느끼기 어려웠다. 덤도 있고 추가도 가능한 K-food가 푸근한 마음을 갖게 한다는 생각이 들었다. 브리즈번을 가는 날은 기묘한 도시락을 받았다. 잠 못 자고 깔깔한 입에 우유 이백 밀리리터, 누런 귀리 약간, 비스킷 두 개와 작은 음료수 하나, 아이스크림 떠먹는 나무판 스푼, 휴지 한 조각이 도시락의 내용물이다. 이것을 먹고 다섯 시에 공항으로 출발한다는 것이다. 식사에 대한 기대감이나 기다림을 무시하는 이곳의 음식

문화가 참 유감스러운 새벽이다.

　캥거루가 귀염받고 존중받는 동물로 알고 있었으나 사냥의 대상으로 야생에서 살고 있다. 사람을 피해 다니는 주인 없는 야생 동물이었다. 코알라는 유칼립투스 나뭇잎만 먹으며 항상 알코올에 취해 살아가는 느림보 게으름뱅이인데 귀하다고 보호받고 사랑받는다.

　출발할 때의 동경같이 맑고 화창한 날씨와 요트를 타며 환상적인 사진을 찍은 행복함도 있었으나 "금강경의 세상 모든 만물이 꿈, 환상, 물거품, 그림자, 이슬, 번갯불과 같으니 집착을 버릴지어다."라는 가르침을 새겨보면 우리나라가 나에게는 안성맞춤 같다.

요트와 바다

한국의 가정에서 주로 사용하는 이십 킬로그램 세탁기에 와-우를 외치며 부러움을 나타내는 호주인들. 한국에 가면 목욕탕과 미장원, 병원을 가고 싶다며 고향을 그리워하는 사십 대 여자 가이드의 소망은 부럽다는 것이다. 환경이 좋아도 날씬한 예쁜 아가씨들이 뚱뚱한 아줌마로 변하는 레깅스 차림의 여인들이 많은 것은 질투 나지 않았다.

자원도 적고 인구도 많아 경쟁이 치열하나 능력과 수단, 재능을 발휘하여 세계 최고의 위치로 달려가는 대한민국이 좋다. 고속도로 휴게소 화장실도 무궁화꽃 네 개짜리 호텔과 견줄 만큼 많고 깨끗하다. 숙박시설도 깔끔하고 사생활 보호가 잘되어 있다. 마트나 가게들은 저마다 많은 손님을 받기 위한 노력으로 친절하고 상냥하게 최선을 다한다. 식당이나 카페의 서비스는 선진국 호주보다도 훨씬 좋다고 자부하고 있다. 오리 보고 달리기 선수 권하지 말고, 다람쥐에게 수영 가르치려 하지 마라. 오리는 물에서 먹이를 찾아야 하고 다람쥐는 나무에서 먹잇감을 얻어야 한다. 생긴 능력대로 모양대로 특징으로, 주어진 환경에서 최선의 노력을 기울이며 비교하지 않고 사는 것이 행복하다.

운전석이 오른쪽인 차를 타고 좌회전을 주로 하는 어

색함같이, 이방인으로 가슴 한편이 허전하고 빈듯한 마음으로 살아가는 것은 힘겨울 듯하다. 무한경쟁 속에 노력으로 삶을 개척하며 능력의 극대화를 위해 힘쓰는 내 나라가 더 낫겠다는 어쩌면 억지스러운 생각을 해본다.

 부러움은 마음에 간직하고, 보완하고 배울 점을 탐색한다. 짧은 시간에 빠른 성장만을 앞세웠던 현대건축의 내구성과 디자인이 다름을 느꼈다. 어떤 것이 좋은지 정확하게는 알지 못한다. 상황에 따라 다르고, 사람마다 느낌도 다를 테니까. 그래도 문화적 허기는 느껴진다. 시간과 여유를 가지고 준비하면 달라질 것 같다. 큰 기대를 품고 떠난 여행에서 다른 점을 찾고 가능성을 확인했다. 우리나라의 좋은 점을 많이 생각한 애국 여행이었다.

하버브리지

혼자 가는 길

 기온이 색상을 바꾼다. 초록의 세상을 울긋불긋 빨강 노랑으로 하루하루 진하게 덧칠하고 있다. 한편에선 겨울을 나기 위한 나무들이 잎을 떨구고 있다. 흔들리며 떨어지는 잎에서 쓸쓸함이 묻어난다. 소슬바람 맞으며 혼자 가는 길이 외롭다.
 초여름 월정해수욕장에서 잠시도 쉬지 않고 열정적으로 모래를 퍼내는 구릿빛 피부의 단발머리 여자아이를 보았다. 힘들 법도 하건만 작은 삽을 이용한 네모 안의 모래를 파내는 작업은 쉼도 없이 두 시간 정도 계속됐다.

땀을 흘리며 치열하게 작업에 몰두하여 오랫동안 지켜보게 되었다. 대단한 열정과 에너지를 가진 아이였다. 근처에 부모가 있었으나 어떤 간섭도 하지 않았다. 아이의 얼굴에서 그늘은 없었다. 그저 무심하게 자기 일에 열중하고 있었다.

 그런데 그 모습에서 외로움이 느껴졌다. 혼자 부지런히 모래를 파내는 아이가 홀로 자기만의 성을 쌓고 있다는 느낌이 들었다. 방해하면 안 될 것 같아 아들과 그 아이에 대해 귓속말로 서로의 생각을 주고받았다.

 내 생각과는 달리 그 아이는 의외로 행복했는지도 모른다. 어쩌면 자기만의 세계에서 가장 신나고 즐거운 시간이었을지도 모른다. 모든 것을 잊고 자신만의 세계에 침잠하여 대궐을 짓고 공주가 되기 위해 성을 만들었을지도 모른다.

 가끔 엉뚱한 꿈도 꾸어보고 무인도의 지배자가 되어 보기도 한다. 고독할 때 떠오르는 생각이다. 소녀의 어깨 너머로 아득한 수평선이 하늘과 맞닿아 있다. 소녀가 외로워 보인 것은 나의 속마음이었을까. 여름이 오기 전 해수욕장은 풋사과처럼 부족함이 있는 결핍된 듯한 느낌이다. 찬 바닷물과 수영복이 아닌 어색한 옷차림, 부자연스러운 물에서의 행동들이 아직은 익숙하지 않은 풍경이다. 충만하지 않은 마음속의 허전함이 지금의 풍경과 다름이 없다. 내가 느끼는 속마음일까. 인생을 숙제처럼 살아왔다. 아마도 혼자 가야 하는 길이 힘들었나 보다.

 속리산으로 여행 갔던 열두 살에 말티재 밑에서 사람들은 모두 내려 걸어서 재에 올랐고, 버스는 빈 제 몸만 홀가분하게 만들어 꾸불꾸불한 열두 굽이를 올라갔다. 비포장에 길이 험하고 버스가 힘이 달려 어쩔 수 없는 선택이었다. 지금은 산맥을 뚫은 터널을 통과해 빠른 길로 다닌다. 그렇게 갔던 여행길에서 나는 길옆 풀숲에 가려진 바위에 부딪혀 다리를 다쳤다.

 모두 문장대를 향해 올라가고 다리를 다친 나만 홀로 복천암에 남아서 다섯 시간을 기다렸다. 지나가는 사람들은 많았지만 외롭고 쓸쓸했다. 다리를 다친 아픔과 부모님께 들을 꾸중과 문장대를 오르지 못한 아쉬움이, 순간순간 뇌리를 스치며 외로움과 고독의 시간에 몸서리치며 하루를 보냈다. 친구들이 지나간 울퉁불퉁하고 자갈이 박힌 논틀길 같은 그 길을 아득히 바라만 보아야 했다. 참으로 길고 힘든 시간이었다.

어린 시절 느낀 충격적인 외로움이었다. 혼자 있는 시간은 많은 생각을 하게 했다. 어떻게 해야 부모님의 걱정을 줄일 수 있을까. 명랑하고 행복한 얼굴로 인사를 해야지. 이런 생각은 외로움이 가져다준 정신적인 성장 에너지 같았다. 좋은 해결책을 모색하기 위해 혼자 사고하고 걱정의 감정에서 행복을 찾고 있었다. 외로움이 때로는 새로운 희망을 얻는데 기회를 주기도 한다.

　외로움은 쉽게 자신의 존재를 드러내지 않는다. 호들갑 떨며 열정적으로 오는 것이 아니다. 조용하게 차분하게 남들이 눈치채지 못하게 자리를 잡는다. 화려함이 아니라 수더분한 옆집 누이 같은 모습이다. 색깔로 치자면 원색이 아닌 무채색에 가깝다. 회색이나 검정 같은 감정이 쉬이 드러나지 않는 색이다. 일시적이나 즉흥적인 모습이 아니고 꾸준하고 지속적인 움직임을 계속하는 우직한 모습에 가까울 것이다. 어려서는 밝은 원색이 좋았으나 지금은 무채색 옷이 늘어난다. 거친 세파를 지나며 감정의 기복이 줄어든 탓일까.

　가끔은 혼자 있는 순간을 즐긴다. '외로움은 못난 사람들이 남들과 어울리지 못해서 생기는 것이다.'라고 생각했던 때도 있었다. 이제는 아무도 나를 보지 않는 작은 순간의 친밀감을 좋아한다. 그것은 정서적 안정, 정신적 수양, 마음의 정화에 도움이 된다. 조용할 때만 일어나는 것은 아니다. 활동적인 나만의 일에 빠져 땀을 흘릴 때도 많은 군중 속에서도 외로움은 나타날 수 있는 것이다. 혼자 가는 길이 정신적인 성장에 큰 역할을 하기도 한다.

한 달 동안 바닷물에 잠겼던 동생의 신원을 확인하러 안치소에 들어가던 그 순간도 혼자 가야 했다. 머리카락이 곤추서고 다리가 후들거리며 가슴이 터져버릴 듯 요동치고 숨이 막혀왔었다. 나 아니면 누구도 대신할 수 없는 일이기에 독한 마음으로 견뎌내야 했다. 나만이 가야 하는 외롭고 막막하고 앞이 보이지 않는 무서운 길, 다시는 가고 싶지 않은, 기억하고 싶지 않은 길이었다.

비 온 뒤 지나간 자전거 바퀴 자국 같은 가슴에 깊이 새겨진 상처는 오랜 세월이 지나도 지울 수 없겠지만 점차 희미하게 만들어 가야 한다. 혼자 가는 길에서 다른 희망들로 감싸 안아야 가능할 것이다. 도적을 산객, 도둑을 양상군자라고 부를 정도가 되면 아물 수 있을까.

깊어가는 가을의 화려한 말티재 단풍 숲에서 굽은 길을 걸으며 혼자만의 상념에 잠겨본다.

이발소

거의 매번 아내의 성화에 이끌려 이발하러 간다. 나는 기다리는 것을 잘하지 못한다. 아니 싫어한다. 기다리는 시간을 조급해하고 초조해하고 불안해하고 심하면 화가 난다. 그래서 이발할 때는 부담을 갖게 된다. 머리카락을 자르려고 하면 사람이 얼마나 있는지 집 주변의 이 이발소, 저 이발소를 두루 둘러보고 또 둘러보고 하다가 그냥 돌아올 때도 있다. 이발소에서의 기다림은 나에겐 매우 부담스러운 일이다. 이런 기다리지 못하는 버릇으로 아이들과 아내에게 지청구를 먹기도 한다. 그래

도 이 습관이 쉽게 고쳐지지 않는다.

머리 깎는 이발소는 긴장도 풀고 휴식도 할 수 있는 시간으로 여겨질 때도 있다. 과로나 음주로 피곤을 느낄 때는 이발하는 시간이 편안하고 휴식을 준다. 이런 경우에 손님이 적거나 없는 이발소가 있다면 아주 신바람 나는 일이다.

이발소에 가면 옷장을 열어주고 상의를 받아 걸어준다. 그리고 무게감이 느껴지는 두툼한 등받이와 튼실한 팔받침이 있는, 그리고 누울 수 있도록 뒤로 젖혀지는 나름 안락한 의자가 있다.

이 의자에 앉으면 흰 가운을 걸친 아저씨가 다가와 어떤 모양을 원하는지를 묻고, 이발 기계에 기름을 친다. 기름을 수건으로 닦고 구레나룻부터 빙 둘려가며 머리의 아랫부분을 적절한 길이로 잘라낸다. 이때 깎여진 머리카락은 여지없이 바닥으로 내동댕이쳐진다. 이 머리카락이 한편으로는 아깝고 안타깝고 아쉬운 마음도 들고, 내 몸의 일부가 떨어져 나가는 것에 슬픔이 일 때도 있다. 한편으로는 덥고, 길고 귀찮을 때도 있었기에 시원한 느낌이 들 때도 있다. 그야말로 시원섭섭하단 말이 딱 맞는다.

다음은 가위로 머리숱도 자르고 사각사각 귀 주변도 다듬으면서 이발사는 거울도 보고 상체를 좌우로 크게 움직이면서 머리 모양을 만들어 나간다. 이때 중간중간 농담도 던지고 자신이 하고 싶은 이야기도 간혹 곁들여진다. 머리카락을 자르고 잘 정리가 되면 면도를 한다. 오래된 의자가 둔탁한 소리를 내며 등받이를 내리면 몸을 누이고 눈을 감는다.

  가죽에 면도칼을 쓱싹쓱싹 칼 가는 소리가 들리고 예리한 면도칼에 나를 맡겨야 하는 순간에 마음속으론 불안감도 생기고, 편안히 누워서 가만히 쉬어도 된다는 안도감도 함께하는 시간이 된다.

  반듯하게 누우면 부드러운 거품과 함께 날카로운 면도칼이 피부에 닿으면서 온몸에 소름이 돋는다. 솜털들이 모두 일어서며 아우성을 친다. 불안함과 공포가 먼저 온다. 얼굴을 다치지는 않을까. 이발사가 실수는 하지 않을까. 긴장감으로 몸이 뻣뻣해지고 움직임이 부자연스럽다. 숨쉬기도 불편하고 이발소 안의 공기도 탁한 것 같다. 삭삭삭 면도칼의 움직임과 같이 내 머릿속 상상의 움직임이 따라간다. 그렇게 약간의 시간이 흐르면서 점차 적응되고 칼날의 움직임에 나의 상상도 점점 둔감해져 간다. 체념과 함께 적응되어 가는 시간이다. 이런 것을 보면 나는 참 적응을 잘하는 사람이구나 하는 생각이 저절로 든다. 이렇게 다양한 감정의 소용돌이를 빠져나오고 면도가 끝나면 의자의 등받이가 올라오고 내 정신도 제자리를 찾는다. 이발사는 수건으로 나의 목덜미를 닦는다.

다음은 머리 감기다. 이발소의 한구석 검은 회색빛의 웅덩이가 있다. 그 옆 등받이 없는 동그란 간이의자에 머리를 수그리고 앉아 세발사의 처분에 머리를 맡긴다. 손잡이가 짧은 물조리[6]에 웅덩이 물을 가득 퍼서 머리에 부을 때 차고 시원한 느낌이 몸 전체를 적시는 듯 짜릿한 쾌감이 일어난다. 비누 거품과 함께 투박한 손길로 머리를 한껏 휘젓고 웅덩이 물을 세 번쯤 퍼서 머리를 헹군 다음 머리에서 물을 빼내는 뽀드득 소리를 내면서 세발사는 수건을 건넨다. 수건을 받아 얼굴과 머리를 닦으면 비로소 끝이 났다는 안도의 한숨이 나온다.

이제는 부담 없이 머리 말리기만 하면 된다. 여유로운 마음으로 의자에 앉아 처분을 맡긴다. 머리를 말리기 위

---

6 물조리: '물뿌리개'의 방언

한 드라이기가 소음을 내며 따뜻한 바람을 머리에 쏟아내며 바쁘게 돌아가고 빠르게 물기가 사라진다. 세발사는 의자를 뒤로 젖히고 손에 크림을 발라 손뼉을 짝짝 두 번 친 다음 얼굴에 크림을 발라준다.

마무리 손질이 끝나면 시원한 요구르트를 준다. 이 맛도 특별하다. 이발 후에 먹는 요구르트는 평소의 텁텁한 맛이 사라지고 개운한 느낌이다. 마치 다른 음료를 마시는 것 같다.

이발을 마치고 돌아올 때의 기분은 이발소에 갈 때의 기다림에 대한 부담감, 이발과 면도에서의 감정 기복, 긴장감이 해소된다. 그리고 머리의 단정함과 깔끔한 외모, 바람을 상큼하게 느끼는 부드러운 얼굴 피부, 안도감과 편안한 마음이 느껴지면서 기분이 좋아지니 이런 상태도 행복이라 할 수 있을까?

이렇게 걸린 한 시간 정도가 나에게는 인생의 희로애락을 경험하는 하나의 의식과 같다. 이런 의식을 매달했으면서도 환갑을 넘어서야 행복함을 알게 되었으니 나는 참으로 둔감한 사람인가 보다.

빼앗긴 일요일

　일 년에 일요일은 오십이 일, 어쩌면 단 쉰두 번뿐인 소중한 쉼표다. 누구에게나 주어지는 휴일 같지만, 어떤 이들에겐 그 하루가 간절하게 기다려지는 선물 같은 날이다. 성실하게 살아가는 사람들에게 일요일은 희망이고 위로이며 재충전의 시간이다.

　일요일은 일주일의 첫날이지만, 직장인들에게는 늦잠이라는 소소한 로망이 허락된 날이다. 어릴 적엔 일요일이 기다려졌다. 친구들과 다투었거나, 숙제가 어렵거나, 준비물을 챙기지 못했을 때, 그 모든 걱정은 일요일이면

잠시 접어두어도 되었다.

  월요일은 부담스럽고 두려웠던 시간에 일요일은 잠깐의 도피처였다.

  늦은 아침, 눈을 비비고 깨어나 밝은 창밖을 보며 순간적으로 '지각인가?' 하고 놀라던 기억. 그러다 '아 오늘은 일요일이지.'라고 안도하는 그 순간 세상의 모든 부담이 사라지는 듯했다. 그 안도감이 일요일의 참맛이었다.

  월요일 아침은 언제나 바쁘다. 마음은 출근 준비로 분주하다. 주말의 여운은 남아 있지만 현실은 나를 금세 일상으로 밀어 넣는다. 다시 일상으로 돌아가 새로운 마음으로 다짐하는 날이다.

  화요일은 조금씩 적응해 가는 시간이다. 달력을 보며 언제 주말이 올까? 먼 일요일을 셈해보는 날이다. 멀리 있는 주말을 향한 긴 숨 고르기가 시작되는 날이다.

  수요일은 일주일의 중심으로 일에 집중하기 좋은 날이다. 책임감도 생기고 성취하고픈 욕망도 일어난다. 마음의 중심을 잡는 균형의 날이다.

  목요일은 주말 계획에 들뜬 마음이 피어나고, 마음속에서는 이미 주말의 기분을 조금씩 맛보고 있다. 기대와 설렘이 이는 날이다.

금요일은 직장인들에게 특별히 흥분되는 날이다. 주말이 눈앞이다. 음악도 신나게 들리고 일의 능률도 오른다. 동료들에게도 한결 너그러워진다. 일이 끝나는 시간은 신바람에 어깨춤을 추며, 에너지가 솟아나는 활기찬 날이다. '내일은 주말'이라는 암묵적인 위로를 주고받는다.

토요일은 마음이 산뜻하게 가벼워진다. 오전에는 집 안팎을 정리하고, 오후에는 산책 또는 시장을 간다. 잠시 숨을 고르며 삶의 여유를 가져보는 명상 같은 날이다.

일요일은 생각의 중심이자 삶의 재 시작점이었다. 마음대로 시간을 재단할 수 있는 날이다. 쫓기는 마음 없이 하루를 설계할 수 있었다. 창가에 앉아 음악을 듣고, 책을 읽기도 하고, 가끔은 친구들의 안부를 묻는 전화도 하고, 커피를 마시는 것도 특별한 의미가 되기도 했다.

일요일이 없다면 삶이 '앙금 없는 찐빵' 같을지도 모른다. 나를 붙잡아 줄 쉼표도 없었을 것이다. 그런 일요일이 조금씩 사라져 가는 느낌이 있다. 일요일은 숨통을 틔워주고 다시 한 주를 살아낼 힘과 의욕을 안겨주는 날인데 뭔가 답답함이 스멀스멀 다가오는 것 같다.

우리가 하루 24시간 중 일하고, 먹고, 자는 시간을 제

외하면 쉴 수 있는 시간은 정말로 짧다. 그런 의미에서 일요일은 사막의 오아시스 같은 존재다. 평일의 고단함에서 해방되어 자신의 의지대로 하루를 설계할 수 있는 날. 속박에서 벗어났다는 해방감을 온전히 느낄 수 있는 날이다. 그래서 일요일은 정신건강에 큰 도움을 주는 날이며, 꼭 있어야 할 육체에도 쉼을 부여하는 날이다.

"해가 중천이야! 빨리 시장 가야 해!"

아내의 목소리에 불만이 묻어난다.

"또 잠깐 코를 골았나 보지." 혼잣말을 한다.

퇴직하고 나니 나의 일요일도 달력 속에만 남았다. 예전에 꿈의 날이 이제는 덤덤하게 스쳐 가는 날이 되어버렸다.

빼앗긴 일요일은 휴일 하나를 잃은 것이 아니라 삶의 리듬이 흩어진 것이고, 자신을 돌보는 시간이 사라진 것이다. 그 하루를 되찾고 싶다. 마음을 다독이고 삶을 관조하며, 자문할 수 있는 나만의 하루를 갖고 싶다.

온전히 주어지는 진짜 일요일이 돌아오기를 찾아 나서야겠다.

제주 여행

5월 00일

　설렘 가득한 발걸음으로 제주에 닿았다. 육지의 분주함을 뒤로하고, 아름다운 섬이 선사할 휴식과 미식의 향연에 마음은 이미 한껏 부풀어 올랐다. 제주에서의 첫 만남은 아담한 전복요리 전문점에서 시작했다. 신선한 전복회와 고소한 버터구이, 시원한 전복물회 한 그릇은 기대를 저버리지 않았다. 정성스러운 상차림과 흡족한 맛은 가성비를 넘어선 따뜻한 대접처럼 느껴져 여정의 시작을 풍요롭게 했다.

  기분 좋은 포만감을 안고 들뜬 마음으로 제주의 풍경을 바라보며 애월읍의 민박으로 향한다. 구불구불 이어진 길을 따라가자 높은 돌담이 정겨운 모습으로 맞아준다. 붉은 꽃잎 한가운데 노란 암술과 수술을 품고 화사하게 피어난 송엽국이 돌담에 올라 환영하는 듯 반긴다.

  울타리에 줄지어 심어진 해송과 오밀조밀 조화롭게 쌓은 돌담, 해 맑은 웃음을 머금은 작은 풀꽃, 정돈된 꽃밭과 은은한 야간 조명이 파란 잔디마당을 그림같이 만들고 있다.

  주황색 지붕의 이층집은 왼쪽 언덕 위에 서 있는 키가 큰 소나무 두 그루와 함께 낯선 이의 마음에도 평화로움을 선사했다. 집 앞으로는 하늘과 맞닿은 수평선, 그 위로 갈치잡이 배들이 고요한 바다를 수놓고 있다. 뒤에는 무성한 호박 덩굴이 땅을 덮고, 싱싱한 조 이삭이 기지개를 켜듯 올라선 모습은 자연의 생명력이 가득함을 느끼게 한다. 사방으로 탁 트인 시야는 답답한 가슴을 활짝 열어젖히는 듯한 해방감을 준다.

  출입문을 열고 들어서니, 큰 벚나무 한 그루가 2층까지 가지를 드리우며 빨갛고, 검은 열매를 자랑한다. 탐스러운 열매를 오가며 한두 개씩 따먹었다. '이것도 추억이 될지 몰라.'라고 생각하면서.

해 질 녘 구름 사이로 강렬한 햇빛이 쏜 화살처럼 날고, 주위는 서서히 붉은빛으로 물들어 갈 때 노을은 이 집에서의 가장 멋진 풍경의 하이라이트였다. 자연이 주는 황홀경에 한참 넋을 놓고 바라본다.

멋진 노을을 뒤로하고 협재해수욕장에 들렀다. 외롭게 떠 있는 비양도가 약간은 애처롭고 외로운 듯 보이며, 마치 손이 닿을 듯 가까이 느껴지는 묘한 매력에 빠져든다. 내일 다시 오기로 하고, 숙소로 오니 포도주가 눈에 들어온다. 온 가족이 건배를 외치며 오늘의 즐거움을 축복한다. 내일의 계획을 세우는 시간은 사랑하는 가족과 소중한 순간들이 더해져 행복하기 그지없다.

숙소에서 본 노을

5월 00일

한림항 선착장에서 아홉 시 이십 분 비양도행 배를 탔다. 가까운 섬이라 십오 분 만에 도착하였다. 섬에 내리자 작은 안내견 비양이가 길잡이를 자청하듯 앞장선다. 그 뒤를 따라 오르는 길에서는 한라산을 비롯한 제주시 전경이 한눈에 들어왔다.

비양봉 전망대에 오르니 흰 등대가 있고, 사방으로 펼쳐진 시야가 가슴을 시원하게 열어주었다. 관광객이 이곳을 많이 찾는 까닭을 알 만했다. 내려오는 길에는 대나무 숲에서 멋진 포즈로 사진도 찍으며 가벼운 걸음으로 하산했다.

맛집에 들러 보말죽, 해삼, 물회로 점심을 먹고 한림 오일장으로 갔다. 아들이 새콤달콤하고 향이 좋은 한라봉을 골라서 과일의 참맛에도 취했다. 오후에 금릉 농공단지 내 맥주 공장을 방문했다. 물, 효모, 호프-맥주의 3요소를 알았고 몇 가지 맥주를 시음했다. 헬롱에일, 거멍에일, 위트에일, 각각의 특징이 입안에 서로 다른 여운을 남겼다. 짧지만 알찬 배움의 시간이었다.

미디어아트 전시관 아르떼뮤지엄은 화려한 빛의 향

연으로 시간과 공간을 초월한 듯한 영상 속에서 자연을 만났다. 빛과 소리가 만들어 내는 다채로운 장면들은 웅장하여 분위기에 빠져들고 싶은 충동마저 일었다. 실내 관광이라 비 오는 날 가면 좋겠고, 레이저를 받으며 마시는 꽃차는 생경했지만 색다른 재미를 안겨주었다. 아들, 딸과 함께한 이번 여행은 새로운 체험이 많아 즐거웠다. 친구들과 오면 수학여행지만 돌다 갈 텐데. 가족과 함께라서 체험도 하고 다양한 경험을 하였다.

5월 00일

아침에 산책길에 나섰다. 새벽 비가 씻어낸 세상이 한층 맑아 보였다. 풀잎에 맺힌 물방울이 햇빛을 받아 영롱하게 반짝이고, 바람은 청량한 빛을 흩뿌리며 마음을 맑게 한다.

고추를 받쳐 세운 그물망과 밭에 줄지어 자라는 작물들을 보며, 살아있는 섬의 숨결을 느낀다. 늘 그렇듯 짧은 여행은 표면만 스치고 지나가 버린다. 몇 번을 와보지만 진정한 제주의 속살에 다가서지는 못하고 있는 듯하다.

루지를 타기 위해 산꼭대기에 올랐으나 안개가 매우 심하여 한참을 기다린 후에 표를 구매하였다. 트랙에 나서니 바람이 시원하게 얼굴로 달려온다. 굽이진 길을 따라 흐르는 바람은 소싯적 기분으로 돌아가게 했다. 초보자도 안심할 수 있도록 마련된 코스는 배려 깊은 마음이 느껴진다.

　한라수목원은 좋은 환경에서 자라는 나무들의 사진을 많이 찍게 했고, 그들과의 교감으로 기분 좋은 시간을 보냈다. 야간에는 함덕해수욕장에 들러 파도 소리와 어우러진 음악공연과 하늘을 수놓은 불꽃놀이가 하루의 마무리를 신나게 장식했다.

　북촌의 숙소는 아담한 마을의 긴 돌담길 사이에 있었다. 옛집을 고쳐서 새 단장을 한 곳으로 마당에는 잔디

함덕해수욕장

가 깔렸고 커다란 은행나무와 사과나무, 귤나무가 있는 아늑한 집이 마음에 쏙 든다.

　본채는 침대와 대형 목욕탕, 여유로운 거실이 있어 아늑했고, 아래채는 차와 커피, 가벼운 식사와 놀이를 즐길 수 있는 생활방으로 꾸며져 있었다. 냉난방 시설을 갖춘 그 공간은 내 집 같은 편안함을 안겨주었다.

　제주는 언제나 그렇게 내게 새로운 얼굴을 내보인다. 맑은 비, 산의 바람, 바다의 불꽃, 사람의 온정이 어우러져 오늘도 또 하나의 제주 결을 마음에 새겨둔다.

5월 00일

　아들과 딸이 좋아하는 마늘빵을 사 들고, 서우봉 전망대를 향했다. 완만한 경사였으나 시야가 점점 넓어져, 이국적인 풍경이 펼쳐졌다. 푸른 바다와 섬을 잇는 다리, 멀리 보이는 숲과 건물이 조화를 이룬 휴양지이다. 전망대 남쪽으로 풍력발전기가 우뚝우뚝 서 있고, 해안선에 낮게 늘어선 알록달록한 지붕들과 숲은 풍경화처럼 보인다.

　오후에 월정해수욕장에서 그늘막을 쳤다. 바닷물에

발이라도 담그고 가고 싶은 마음이다. 아직은 물이 찬 느낌인데도 성급한 사람들은 얇은 옷을 입고 물속을 드나든다. 여름이 오기 전에 해수욕장은 풋사과처럼 약간 아쉬운 느낌이 든다. 찬 바닷물과 수영복이 아닌 어색한 옷차림, 옷이 젖을까 부자연스러운 물에서의 행동들. 그래도 수평선을 바라보는 눈길은 흐뭇하다.

해가 기울 무렵 숙소로 돌아왔다. 은행나무와 잔디가 있는 마당에서 축구도 하고 생활실에서 장난감 볼링을 즐겼다. 밤에는 숙소에서 불멍을 하며 옛이야기를 나누었다.

이번 여행의 특별했던 것은 가족의 조화로움이다. 아내의 세심한 준비와 살뜰한 마음, 아들의 탁월한 기획과 예약, 딸의 순발력과 맛집 찾기가 더해져 모든 일이 매끄럽게 흘러갔다. 맑고 따뜻한 날씨까지 거들어 준 오래도록 기억될 여행이었다.